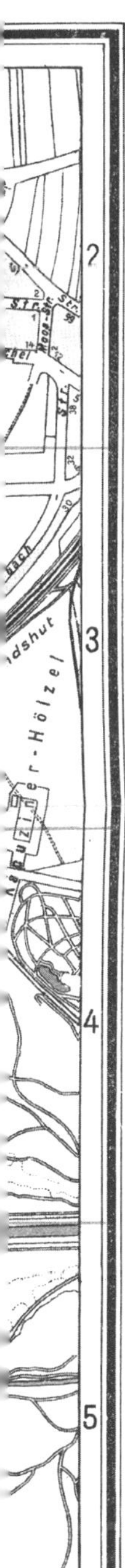

Obermenzing

Karte um 1926.

Zeitreise ins alte München

Obermenzing

Zeitreise ins alte München

Herausgegeben vom Stadtarchiv München

Susanne Herleth-Krentz

Obermenzing

Volk Verlag München

Die Deutsche Bibliothek verzeichnet diese Publikation in der Deutschen Nationalbibliografie; detaillierte bibliografische Daten sind im Internet über http://dnb.ddb.de abrufbar.

Tel. 089/420 79 69 80; Fax 089/420 79 69 86
Druck: Kösel, Krugzell

Titelbild: Gesamtansicht von St. Georg mit Kirchgängern, links neben St. Georg der „Alte Wirt“, im Vordergrund links das alte Brückerl über die Würm, Aufnahme um 1920.

ISBN 978-3-86222-228-5
www.volkverlag.de

Inhalt

Vorwort

Die meisten der nach München eingemeindeten Orte weisen eine viel ältere Geschichte auf als der Ort, der erstmals 1158 als „forum Munichen“ urkundlich erwähnt ist. Das gilt auch für Obermenzing, denn bereits in einer Urkunde vom 6. November 817 wird Besitz „in loco nominato Meziga“ an den Bischof von Freising tradiert bzw. ihm geschenkt. Nun sind zum einen solche urkundlichen Erstnennungen zwar grundsätzlich wichtige historische Wegmarken, sie sind aber oft zufällig und sagen noch nichts über das tatsächliche Alter einer Besiedelung aus. Zum anderen gibt die Schreibweise der Orte in den Urkunden (hier „Meziga“ ohne n!) oft zu Spekulationen Anlass und wirft Schwierigkeiten bei der genauen Lokalisierung auf. Auch Theodor Bitterauf, der Editor und Bearbeiter der „Traditionen des Hochstifts Freising“, hat sich im Jahr 1905 bei der Auflösung des Ortsnamens nicht eindeutig für Obermenzing entscheiden können, für ihn kam auch das etwas weiter der Würm abwärts gelegene Untermenzing in Betracht.

Die Geschichte von Ober- und Untermenzing verlief im Laufe der Jahrhunderte relativ eigenständig, auch wenn es dazwischen eine Phase gab, in der beide Orte ab 1442 Teil der Hofmark Menzing waren. Mit der Bildung der politischen Gemeinden im Jahr 1818 ging diese getrennte Entwicklung aber weiter, auch wenn beide Orte zum gleichen Zeitpunkt, am 1. Dezember 1938, nach München eingemeindet wurden. Heute gehört Obermenzing mit Pasing zum Stadtbezirk 21, Untermenzing mit Allach zum Stadtbezirk 23.

Trotz dieser unterschiedlichen historischen und politischen Entwicklung der beiden Münchner Stadtteile hat sich ein gemeinsames Menzing-Bewusstsein erhalten, wie es auch in dem dort gerne gesungenen Menzing-Lied zum Ausdruck kommt: „Mir san ned vo Pasing, mir san ned vo Loam, mir san im scheena Menzing dahoam.“ So ist es auch nicht verwunderlich, dass sich aus Vertretern beider Bezirksausschüsse sowie weiteren Bewohnern von Ober- und Untermenzing der „Verein 1200 Jahre Menzing“ gebildet hat, der für das Jubiläumsjahr 2017 ein attraktives Fest- und Veranstaltungsprogramm auf die Beine gestellt hat.

Das Stadtarchiv München steuert zu diesem Jubiläum in seiner seit 2010 bestehenden Reihe „Zeitreise ins alte München“ diesen Band über Obermenzing bei. Diese Reihe orientiert sich ja nur teilweise an den heutigen Stadtbezirken, sondern nimmt die eigenständige

Geschichte von ehemals selbstständigen Gemeinden in den Blick, die heute oft in größeren Stadtbezirken aufgegangen sind. Nach dem 2011 erschienenen Band über Pasing ist aber nun mit dem Band über Obermenzing der Stadtbezirk 21 ganz abgedeckt.

Der Band über Obermenzing ist bereits der neunte in dieser Reihe. Die gleichartige Aufmachung mit Text- und Bildteil sowie einheitlichem Layout, aber mit individueller Farbgestaltung für jeden Band, geben der Reihe ihren unverwechselbaren Charakter.

Ein besonderes Augenmerk wird in der Reihe „Zeitreise ins alte München“ auf das Verhältnis von Text und Bild gelegt. Einzigartige Aufnahmen aus dem Bestand des Stadtarchivs München, die hier im Bildteil neun (virtuelle) Spaziergänge durch Obermenzing anbieten, stehen neben exzellenten, gründlich recherchierten Texten. Mithilfe des Bildmaterials, darunter Aufnahmen aus der Frühzeit der Fotografie, gelingt es, einen lebendigen Eindruck von den damaligen Gegebenheiten, den Bauten und den Menschen, die hier lebten, zu vermitteln.

Die ca. 1,8 Millionen Aufnahmen umfassende Fotosammlung des Münchner Stadtarchivs bildete auch für diese Publikation mit vielen, noch unbekannten historischen Aufnahmen zu Obermenzing fast den alleinigen Grundstock. Das Ziel des Stadtarchivs ist es, mit dieser Publikationsreihe Lust auf weitere Entdeckungen in den reichhaltigen Beständen zu machen. Fast zeitgleich mit Erscheinen dieses Bandes ermöglicht nun auch eine neue online-Recherche eine voraussetzungsfreie sowie zeit- und ortsunabhängige Suche über alle Bestände des Stadtarchivs München hinweg. In der neuen Fachdatenbank sind neben Grundinformationen zu allen Beständen des Stadtarchivs zunächst ca. 150.000 elektronische Verzeichnungsdaten zu Archivalien online abrufbar. Daneben können die ersten ca. 8.000 Digitalisate aus der umfangreichen Fotosammlung im Internet betrachtet werden.

Für diesen Band über Obermenzing wurden zudem auch Aufnahmen aus privatem Besitz und aus dem von Thomas Hasselwander betreuten Pasinger Archiv herangezogen, wofür wir recht herzlich danken.

Als Autorin konnte wieder Susanne Herleth-Krentz gewonnen werden, die bereits für den 2014 in dieser Reihe erschienenen Band über Hadern den Einleitungstext verfasst und die Bildauswahl getroffen hat. Als promovierte Historikerin und Autorin eines Bandes des „Historischen Atlas Bayern“ verfügt sie zudem über das notwendige Wissen um die einschlägigen historischen Quellen und ihre Interpretation. Ihr Einleitungstext sowie ihre Bildunterschriften machen aus diesem Band über Obermenzing eine kenntnisreiche und solide erarbeitete Publikation, die sicher über das Jubiläumsjahr 2017 Bestand haben wird.

Abschließend sei denjenigen gedankt, die am Zustandekommen dieses Buches beteiligt waren. Im Stadtarchiv München hat Katharina Schinhan als Mitarbeiterin in der Fotosammlung an der Bildauswahl für diese Publikation mitgewirkt. Inga Fesl, Mitarbeiterin im Sachgebiet „Fotografie und Fototechnik" des Stadtarchivs, war für die digitale Restaurierung und Bildbearbeitung zuständig.

Michael Volk hat mit seiner Mitarbeiterin Nadine Burks in seinem Verlag auch diesen Band der „Zeitreise ins alte München" wieder kompetent betreut und umgesetzt.

Dr. Michael Stephan
Leiter des Stadtarchivs München

Die Anfänge

Wasser lockte die ersten Siedler an die Würm, den Fluss, der vom Starnberger See aus in Richtung Süd-Nord die Münchner Schotterebene durchquert und der als „Uuirma“[1] erstmals in einer Freisinger Urkunde von 772 genannt wird.

Zu den ältesten Funden in Obermenzing zählt ein fast 4.000 Jahre altes Hockergrab aus der Bronzezeit. Zahlreiche Hügelgräber beweisen eine intensive Besiedelung um 1500 v. Chr. im Untersuchungsraum, der später von der keltischen und römischen Epoche geprägt wurde.

Die „ing“-Endung des Ortsnamens deutet die für die bajuwarische Epoche typische enge Bindung an einen Grundherrn an, was auch die Auffindung von Reihengräbern bestätigt.

Neben Moosach, Sendling, Gauting, Oberbrunn und anderen Orten gehörte auch Menzing um 750 zu den Stiftungsgütern des von Herzog Tassilo (748–788) errichteten Klosters Wessobrunn. Zu dieser Zeit wird nicht zwischen den Orten Ober- und Untermenzing unterschieden, man spricht von Menzing.

Die erste urkundliche Nennung Menzings findet sich in einer Freisinger Schenkungsurkunde des 9. Jahrhunderts. Am 6. November 817 übergaben der Edle Cotescalch und sein Bruder Deotpald ihren Besitz „in loco nominato Meziga“ an die Kirche in Freising.[2]

Bischof Anno von Freising tritt von nun an in weiteren Tausch- und Schenkungsurkunden als Lehnsherr auf. Zwischen 845 und 875 tauschte Bischof Anno von dem Edlen Unaltfried Liegenschaften zu Menzing ein. Ein „nobilis vir“ Rathoch wurde zwischen 883 und 906 unter der Amtszeit des Bischofs Waldo als adeliger Lehnsherr in Menzing erwähnt. Um 1070 übergab ein „miles“ Magonus de Frichindorf zwei Huben im Dorf Menzing an das Kloster Ebersberg.[3] Zwischen 1155 und 1157 übergab ein Eglolfus „liber homo de Menzingen“ ein Gut zu Oberweikertshofen dem Kloster Schäflarn. Zwischen 1166 und 1172 überschrieb ein „liber homo Henricus nomine de Mencingin“ sein Gut an Altumnus, das nach seinem Ableben an das Kloster Wessobrunn fallen soll.

Für die Zeit von 1150 bis 1250 ist in den schriftlichen Quellen häufig ansässiger Ortsadel belegt, sogenannte liberi (Edelfreie), die sich nach dem Ort Menzing benennen. Neben Rudiger de Menzingen, Henricus de Menzingen und Chonradus de Menzingen ist auch ein Domnus Gebehardus de Menzingen belegt.

Es ist anzunehmen, dass diese Edelfreien von Menzing für ihre Hintersassen und ihren freieigenen Grundbesitz bereits einer Hofmark ähnliche Immunitätsrechte besaßen, wie sie geistliche Grundherrschaften für ihre Besitzungen längst innehatten. In den Händen des Ortsadels lagen Grund- und Vogtherrschaft, Adelssitz und Dorfgericht. Das Dorfgericht übte eine niedere Gerichtsbarkeit über kleinere Vergehen aus. Seine Kompetenz wird mit der 72-Pfennig-Buße umschrieben, was bedeutet, dass alle Vergehen, die mit einer 72-Pfennig-Strafe zu belegen waren, und alle Streitigkeiten um Objekte innerhalb dieser Wertkategorie dem Dorfgerichtsinhaber zur Entscheidung anhängig waren.

Blick über die Würm bei Obermenzing. Aufnahme von 1943.

Als Zufluchtsort der Menzinger Adelsfamilie wurde im Würmbett eine Burganlage vermutet, deren Turmfundament 1980 bei Renovierungsarbeiten an der Blutenburg gefunden wurde.[4] Dass es sich hier tatsächlich um einen Wehrbau handelt, bestätigt die geografische Lage desselben. Der Turm der Anlage ist auf einer natürlichen Insel im sumpfigen Flussbett der Würm errichtet worden, wobei der Sumpf als natürliches Annäherungshindernis diente. Ursprünglich stand hier eine Wasserburg, die ihren Schutz der ausgezeichneten Lage in der Würm verdankte, die bis zur Anlage des Nymphenburger Kanals erheblich wasserreicher war. Die originalen Bodenverhältnisse wurden 1439 durch die Anlage des Weihers bis zur Unkenntlichkeit verändert.

Es fehlen zwar die schriftlichen Quellen für die Anfänge der Obermenzinger Burg, aber mit dem Fund dieser Wehranlage ist es möglich, die Edelfreien von Menzing geografisch dem Ort Obermenzing zuzuordnen. Dieser Turm diente dem Obermenzinger Ortsadel als Refugium und könnte zu dem Sedlhof gehört haben, den Herzog Albrecht III. (1438–1460)1442 von dem Freyberger erworben hatte.[5]

Mit der Ottonischen Handfeste von 1311 räumte der bayerische Herzog Otto III. (1290–1312) allen Ständen, die ihm eine Steuer bewilligten, die niedere Gerichtsbarkeit auf ihren Gütern ein und ermöglichte so vielen Dorfherrschaften, wie auch Menzing, den Weiterbestand als Hofmarken.[6] Der Adel konnte durch den Kauf der Niedergerichtsbarkeit seine Dorfgerichte, in denen er nur eine geringere Art niederer Gerichtsbarkeit ausüben durfte, zu Hofmarken ausbauen. Die Blutgerichtsbarkeit über die drei bekannten Fälle (Totschlag, Diebstahl, Notzucht) aber übte der Landrichter selbst, in unserem Fall der des Landgerichts Dachau, aus. Die Hofmark Menzing mit Herrschaftssitz in Obermenzing geht also wie die meisten Hofmarken um 1500 auf ein Dorfgericht des 13. und 14. Jahrhunderts zurück.

Das Dorf Untermenzing selbst, ausgenommen zwei Güter des Klosters Wessobrunn, gehörte anfangs zum Landgericht Dachau und kam erst um 1486 zur Hofmark Menzing[7], was durch die Vielzahl der Grundherrschaften im Ort belegt wird.

Schloss Blutenburg und die Hofmark Menzing

Nach dem Aussterben der edelfreien Familie „de Menzingen“ traten die Wittelsbacher in deren Erbe ein, übernahmen deren Besitz zu Obermenzing und gaben diesen als Lehen an reiche Münchner Bürger weiter. Für das Jahr 1325 ist Otto Teufelhart[8] belegt, bis 1402 hatte Hans der Sumerstorffer, ein Münchner Bürger, den Ort unter seinem besonderen Lehensschutz. Er verkaufte 1401 das Dorf Obermenzing an den Abt von Wessobrunn und Herzog Ernst von Bayern (1397–1438) stimmte diesem Kauf am 24. Mai 1402 nachträglich zu.[9]

In dieser Urkunde verspricht der Herzog, als Lehnsherr des Dorfes Obermenzing das gesamte Kloster Wessobrunn zu beschützen, und beruft sich dabei auf den rechtlichen Grundsatz, dass Geistliche, denen aus kirchlich-theologischen Gründen die Gewaltausübung verboten war, nicht voll geschäftsfähig seien und aus diesem Grund einen weltlichen Vogt bzw. Vormund benötigten. Die Vogtei ist dabei in enger Beziehung zur Grundherrschaft zu sehen, die damit verknüpften Rechte waren Niedergericht (meist als 72-Pfennig-Buße),

Scharwerk, Steuer und Rais.[10] Die klösterlichen Grunduntertanen wurden zwar merklich mehr belastet, standen aber unter dem Schutz wehrfähiger Vögte, in diesem Fall unter dem Schutz des bayerischen Herzogs.

Einen Überblick über diese Klostergüter gibt das Wessobrunner Urbar[11] von 1397: In Obermenzing finden sich in Klosterbesitz drei Ganzhöfe (curia), drei Halbhöfe (huba), drei Viertelhöfe (lechen) sowie die Mühle und die Hofstatt bei der Brücke. Zwei Ganzhöfe, den Sedlhof und einen Halbhof verzeichnet das Kloster Wessobrunn in Pipping, den Fauchthof und ein Lehen in Untermenzing.

Schloss „Blytenburg" taucht erstmals in einer Quelle aus dem Jahr 1425 auf und wird erneut 1432 genannt.[12] Die Anlage dürfte um diese Zeit aus einem quadratischen Haupthaus in der Hauptburg und einer Vorburg mit Torturm bestanden haben. Gewichtiger Anreiz für den Ausbau der Blutenburg waren für die Wittelsbacher Herzöge zweifellos die überaus beutereiche Jagd in den Wäldern am Saum des Dachauer Mooses sowie der Fischreichtum der Würm.

Königlicher Waldbestand im Raum Obermenzing/Schloss Blutenburg aus dem Jahr 1831/32.

Um 1432 war der spätere Herzog Albrecht III. (1438–1460) bereits seine heimliche Ehe mit der schönen Augsburger Baderstochter Agnes Bernauer (ca. 1410–1435) eingegangen, welche aus dynastischen Gründen von dessen Vater Herzog Ernst nicht anerkannt wurde. Im Jahr 1433 erwarb die Jungfrau Agnes Bernauer zwei Güter zu Untermenzing als Lehen von Herzog Ernst zu einem Kaufpreis von 25 Pfund Münchner Pfennige.[13] Noch am selben Tag erwarb Albrecht von seinem Vater die Lehensrechte über beide Untermenzinger Hofstellen, die als Morgengabe Albrechts an Agnes Bernauer gewertet werden dürfen. Um 1434 weilte Albrecht

Ansicht des Schlosses Blutenburg. Wandmalerei von Hans Donauer d. Ä. im Antiquarium der Münchner Residenz, um 1590.

mit seiner unebenbürtig Angetrauten in der alten Burg zu Blutenburg. Im Herbst 1435 ließ Herzog Ernst die Bernauerin in Straubing gefangen nehmen, während sich sein Sohn ahnungslos zur Hirschjagd in Landshut aufhielt, und ließ sie am 12. Oktober von der Donaubrücke bei Straubing stoßen. Beigesetzt wurde sie bei den Karmelitern zu Straubing. Der Münchner Stadtschreiber notierte am 15. Oktober 1435, „daß man die Bernawerin gen hymel gefertigt hett".[14]

Albrecht stiftete zwei Monate nach der Ermordung seiner Gemahlin eine ewige Messe bei den Karmelitern, sein Vater Herzog Ernst tat das Gleiche und ließ eine Kapelle auf dem Straubinger St. Petersfriedhof bauen. Versöhnungsarbeit zwischen Vater und Sohn leistete schließlich Kaiser Sigmund.

Ein Jahr später, im November 1436, heiratete Albrecht standesgemäß Prinzessin Anna von Braunschweig (1414–1474) und kehrte mit seiner Angetrauten in die Blutenburg zurück, in der er zuvor mit Agnes Bernauer gelebt hatte.

Es begannen umfangreiche Bauarbeiten. Bis 1439 baute Herzog Albrecht die Blutenburg zu einem Wasserschloss aus, das ihm hauptsächlich zur Jagd diente. Die Anlage strahlte zwar Wehrhaftigkeit aus, die Schießscharten in den Türmen waren aber innen vermauert. Ein Arm der Wurm wurde grabenartig um das Schloss geführt und zu einem Weiher erweitert.

Einen guten Eindruck der gotischen Anlage vermittelt das Fresko von Hans Donauer d. Ä. (um 1521–1596) aus dem Jahr 1590 im Antiquarium der Münchner Residenz. Das Schloss mit seinem breiten Wassergraben bestand schon damals aus dem mit vier Ecktürmen und hoher Ringmauer bewehrten Inneren Schloss sowie dem Äußeren Schloss mit den beiden Ecktürmen, den Wirtschaftsgebäuden und der Schlosskirche.

Um 1442 berichtet der Landrichter von Dachau, dass Herzog Albrecht III. „vermaint, dass Obermennzing ain Hofmarch soll sein, und daß Pipping dazue gehöre“[15]. Bereits im Mai 1441 hatte Herzog Albrecht III. vom Kloster Wessobrunn dessen Besitz in Obermenzing erworben und mit diesen Gütern um Schloss Blutenburg eine geschlossene Hofmark Menzing geschaffen. Der herzogliche Landrichter übte im Regelfall über sämtliche Gerichtsuntertanen die hohe Gerichtsbarkeit aus, die niedere Gerichtsbarkeit aber nur dort, wo diese nicht Kirche oder Adel innehatten. Seither dürfte sich auch die Bezeichnung „Menzing“ für das Schloss eingebürgert haben, die das ältere „Pludenburg“ bis ins 17. Jahrhundert hinein fast ganz verdrängte.

Im Jahr 1445 vermachte Herzog Albrecht seiner Gemahlin Anna die Hofmark als Witwensitz. Da Anna von Braunschweig nach dessen Tod im Jahr 1460 erneut heiratete, verzichtete ihr Sohn Herzog Sigismund (1460–1467) zugunsten seines Bruders Albrecht IV. (1465–1508) im Jahr 1467 auf die Mitregentschaft. In diesem Übergabevertrag von 1467 wurde ausdrücklich die Unteilbarkeit des bayerischen Herzogtums festgestellt, das Primogeniturgesetz wurde erst 1505 erlassen.

Sigismund zog sich unter Beibehaltung des Besitzes der Schlösser Dachau, Nannhofen, Starnberg und Grünwald sowie einem Jahreseinkommen von 4.000 Gulden auf sein Lieblingsschloss Blutenburg zurück, wählte es als Hauptwohnsitz bis zu seinem Tod im Jahr 1501 und stattete das Jagdschloss ganz im Sinne der Spätgotik aus. Er blieb unverheiratet, lebte aber mit seiner Geliebten Margarete Pfättendorfer,[16] die ihm zwei Söhne und eine Tochter gebar, zusammen.

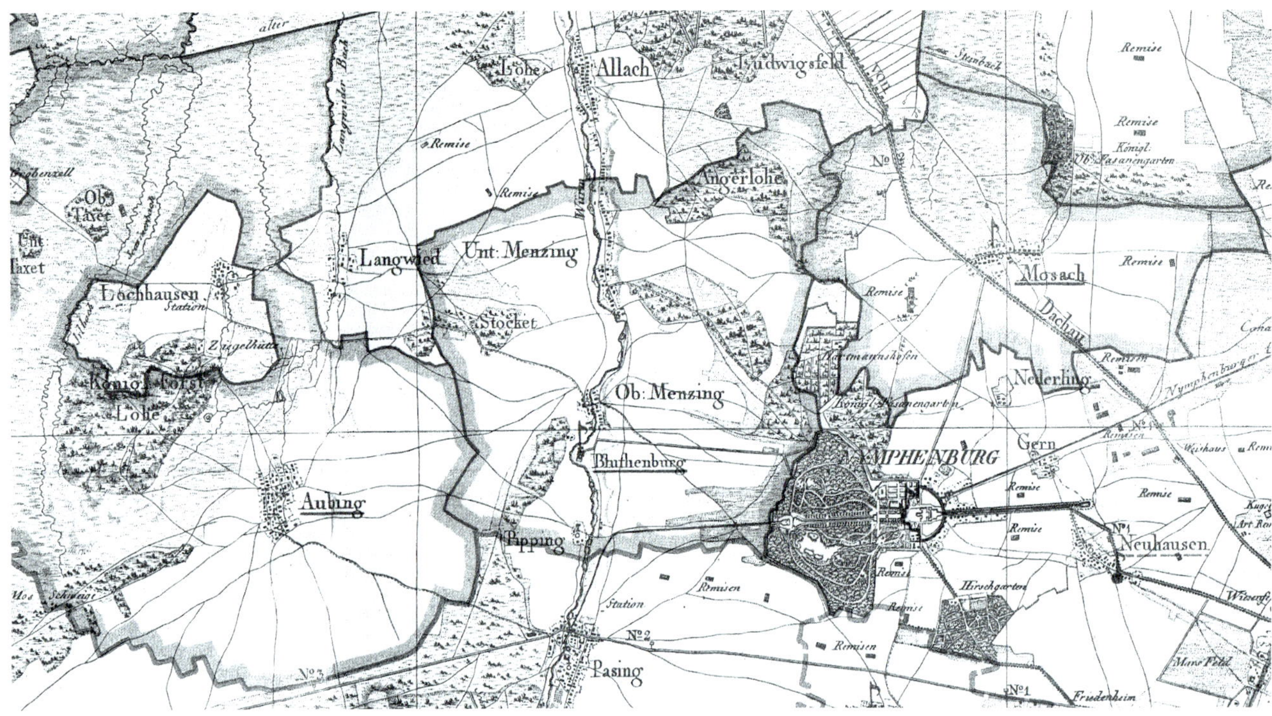

Die geschlossene Hofmark Obermenzing um 1752.

Herzog Sigismund förderte Kirchen und Klöster in Bayern und gilt als Erbauer der Kirche zu Pipping in den Jahren 1478 bis 1480, der Schlosskapelle zur Hl. Dreifaltigkeit 1488, der Untermenzinger St.-Martins-Kirche und der Kirche zu Aufkirchen am Starnberger See 1499. Mit dem Tod von Herzog Sigismund im Jahr 1501 fiel Schloss Blutenburg samt Hofmark an den Regenten Herzog Albrecht IV. zurück. Dieser hielt sich fortan zur Jagd in den Menzinger Gründen auf.

Das Salbuch von 1486,[17] das die Einnahmen und Ausgaben des Schlosses akribisch verzeichnet, spezifiziert die wildreichen Gebiete um Ober- und Untermenzing näher mit Stocketwald, Kapuzinerhölzl, Westerholz zwischen Obermenzing und Pipping westlich der Würm sowie der Würm selbst als Fischwasser.

Verständlich, dass Herzog Albrecht IV. das Gebiet zwischen Würm und Isar sowie das im Westen anschließende Dachauer Moos 1507 zum herzoglichen Reservat für die niedere Jagd deklarierte, das sich für die Rot-, Schwarz- und Niederwildjagd geradezu anbot. Herzog Albrecht IV. schoss mit seinem Jagdgefolge während seiner Regentschaft 4.700 Stück Hirschwild. Unter seinem Sohn Wilhelm IV. (1508–1550) wurden im Jahr 1545 allein 2.032 Hirsche geschossen und unter Albrecht V. (1550–1579) wurden insgesamt 5.686 Stück Wild gejagt.[18] Die Landesfreiheit von 1553 setzte das Jagdrecht als landesherrliches Hoheitsrecht fest. Danach war die hohe Jagd auf Hirsch und Schwarzwild[19] dem Landesherrn und den Adeligen vorbehalten, während die niedere Jagd auf Dachs, Fuchs, Hase, Marder, Schnepfe und Wildente den Landständen auf ihren Besitzungen erlaubt war.

Die Beschreibung der Hofmark Menzing um 1500[20] zählt zur Hofmark gehörig 28 Anwesen in Obermenzing, 26 Anwesen in Untermenzing, 3 Anwesen in Pipping und 8 Anwesen in Pasing auf:

Blutenburg: Herzogliches Schloss; Schlosskapelle St. Georg und Hl. Dreifaltigkeit.

Obermenzing: Schloss Blutenburg Hofbau, 1/2 Sedlhof, 4 Höfe, 2 Huben, 5 Gütl, Mühle, Tafern, 5 Sölden; Kirche Hl. Kreuz 1 Lehen; Kirche St. Wolfgang zu Pipping 1 Lehen; Pfarrei Aubing 1 Sölde; Widumgut; Frühmesse Pasing 1 Lehen; Kloster Benediktbeuern 1 Hube; Kirche Obermenzing 2 Sölden; Gmain 1 Sölde. Filialkirche St. Georg der Pfarrei Aubing.

Untermenzing: Kloster Wessobrunn 1 Hube, 1 Lehen; Hl. Geist-Spital München 2 Huben, 1 Lehen; Kirche St. Johann 1 Hube; Frühmesse Untermenzing 1 Hof, 3 Huben, 1 Lehen; ein Altar 1 Lehen; Pfarrei Aubing 1 Lehen; Widumgut; Bernauerinaltar 1 Hube; Kloster Bernried 1 Lehen; Kirche Untermenzing 1 Lehen; Ströll (Bürger oder Bauer) 1 Lehen; Pütrich (Münchner Bürger) 1 Hof; Rechtaler (Münchner Bürger) 1 Lehen; Eigen 2 Lehen; Herzog Sigmund 1 Hof; ein Bauer 2 Sölden; Gmain 1 Sölde. Filialkirche St. Martin der Pfarrei Aubing.

Pipping: Kloster Wessobrunn 3 Höfe.

Pasing: Eigen 1 Hof; Eigen und Lehen der Eisenhoferin (Adel) 1 Lehen; Kirche Unserer Lieben Frau zu Pasing 2 Sölden; Frühmesse Pasing 1 Hube; Käfer (Bauer zu Pasing) 1 Sölde; Kloster Schäftlarn 1 Sölde; Gmain 1 Sölde.

In der Hofmarksbeschreibung von 1558 wird der Umfang der herzoglichen Hofmark beschrieben: „Menntzing Schloß, Ober- und Niedermenntzing, Pasing, was vber die Straß gegen Menzing ligt, Doerffer. Item Pipping ain Ried. Ist ain Hofmarch […]".[21]

Verwaltet wurde die Hofmark von herzoglichen Pflegern, die die Abgaben der Untertanen in Geld und Naturalien einzuziehen und alle hoheitlichen Aufgaben, darunter auch die Rechtsprechung, wahrzunehmen hatten.[22]

Im 17. Jahrhundert verschlechterte sich der Bauzustand des Schlosses deutlich. Im Dreißigjährigen Krieg, in den Jahren 1632 und 1648, wurde die Hofmark von feindlichen Truppen zwar heimgesucht, jedoch nicht zerstört. Am 28. April 1638 verpfändete Kurfürst Maximilian I. (1597–1651) Pflege, Schloss und Hofmark Menzing mit allen Rechten, jedoch ausgenommen Jagd und Waidwerk, seinem Hofvizekanzler Bartholomäus Richel, da er ihm ein als Belohnung für seine Dienste zugedachtes Geschenk in Höhe von 10.000 Gulden nicht auszahlen konnte.[23]

Das Schloss Blutenburg samt Hofmark Obermenzing. Kupferstich von Michael Wening um 1700.

Als Kurfürstin Henriette Adelaide (1636–1676), die ihr Schloss Nymphenburg östlich des Hofmarkwaldes erbaut hatte, im März 1676 verstarb, verkaufte ihr Gatte Kurfürst Ferdinand Maria (1651–1679) am 27. April 1676 die Hofmark Obermenzing samt Schloss an den einem alten Kölner Schöffengeschlecht entstammenden Rat Anton Berchem (1632–1700) für 10.000 Gulden.[24] Der Kurfürst betonte ausdrücklich, dass es sich hier um eine geschlossene Hofmark handle. Ein Jahr später wurden Anton Berchem die Edelmannsfreiheit sowie die Prädikate „von“ und „zu Plüdenburg und Menzing“ verliehen.

Schon im Jahr 1677 begann der Umbau des baufälligen Schlosses, das Berchem von Grund auf renovierte und neu gestaltete, sodass 1690 das Treffen zwischen Kurfürst Max Emanuel (1679–1726) und Kaiser Leopold (1658–1705) auf Schloss Blutenburg stattfinden konnte.

Wie auf dem Stich von Michael Wening aus dem Jahr 1700 zu erkennen ist, ließ Berchem die Türme um ein Stockwerk kappen und mit Zeltdächern versehen. Den Spitzhelm des Kirchendachreiters ließ er durch eine Zwiebel ersetzen. Der zweigeschossige Ostbau wurde abgebrochen und der Hauptbau erhielt einen Kaminkopf. Die Wehrmauer zwischen den Türmen wurde einheitlich bis auf die Höhe des Erdgeschosses abgetragen. Berchem benannte das Schloss wieder Blutenburg und kümmerte sich eifrig um die Ökonomie seiner Hofmark.

1686 erwarb Anton von Berchem die Hofmark Pasing. Um 1699 fiel Berchem in Ungnade und verstarb kurz darauf. Seine Erben mussten sich anschließend mit kurfürstlichen Vorwürfen über „schwere Lasionen und Vorteilhafftigkeiten“[25] auseinandersetzen. Am 17. Juli 1702 fiel die Hofmark Menzing an den bayerischen Hof zurück, während die Hofmark Pasing bis ins 19. Jahrhundert bei den Berchem'schen Erben verblieb.

In den folgenden Jahren wurde die Hofmark Menzing der Kurfürstin Therese Kunigunde (1676–1730) überlassen. Das Schloss diente ein letztes Mal als kurfürstliche Residenz und wurde nach dem Tod der Kurfürstin an Angehörige des Hofadels zu lebenslangem Nießbrauch vergeben. 1776 wurde die Hofmark mit dem Münchner Hofkastenamt vereinigt.

Laut Gerichtskonskription von 1752 zählt die Hofmark Menzing neben dem Schloss Blutenburg in Obermenzing 43 Anwesen, in Untermenzing 34 Anwesen und in Pipping 5 Anwesen:[26]

Blutenburg: Kurfürstliches Schloss mit Ökonomie, Zehentstadel, Allacher Forst, Schlosskapelle Hl. Dreifaltigkeit.

Obermenzing: Hofmarksherrschaft 3 je 1/1 (Hoislbauer, Kirmayr, Sammer), 8 je 1/2 (Zeilmayr, Wirt, Senser/Zubau zum Wirt, Lochner, Hofbauer, Thalanderl, Zubau zum Puggl/Hälfte des ehemaligen Pöttingerhofes, Pöttinger), 5 je 1/4 (Puggl, Stürzer, Seidl, Mühle, Loden/Zubau zur Mühle), 3 je 1/8 (Zubau zum Zeilmayr, Schmied, Zubau zum Schmied), 13 je 1/16, 5 je 1/32;
Kirche Obermenzing 1/4 (Schneiderhansl), 1/8 (Mesner), 1/16; Kirche Pipping 1/4 (Disl); Pfarrei Aubing 1/4 (Wiedenbauer); Benefizium Pasing 1/8 (Kainz); Hüthaus; Filialkirche St. Georg der Pfarrei Aubing.

Untermenzing: Hofmarksherrschaft 2 je 1/2 (Oberländer, Müller), 2 je 1/4 (Ballauf, Umwehrer), 2 je 1/8 (Winkler, Filser), 2 je 1/16, 2 je 1/32 (darunter zwei Hüthäuser);
Pfarrei Aubing 1/1 (Grandl), 3 je 1/2 (Schmoz, Noder, Unterschneider), 4 je 1/4 (Lunglmayr, Saag, Oberes und Unteres Pfarrlehen); Kirche Neuhausen 1/2 (Sebald); Kirche Allach 1/2 (Meister); Kirche Freiham 1/16; Schlosskapelle Blutenburg 1/1 (Painhofer), 1/2 (Sterr); Kirche Untermenzing 1/8 (Mesner); Hofmark Pasing 1/1 (Kaiser), 2 je 1/2

Aquarell eines Bauernhauses, um 1870.

(Grasmayr, Huber), 3 je 1/4 (Pemser, Schneider), 3 je 1/8 (Bleichshirner, Zubauten zum Grasmayr), 1/16; Filialkirche St. Martin der Pfarrei Aubing.

Pipping: Hofmark Pasing 1/1 (Mayr), 2 je 1/2 (ursprünglich der ganze Wessobrunnerhof), 1/8 (Mesner), 1/32; Filialkirche St. Wolfgang der Pfarrei Aubing.

Von Interesse sind die alten Hausnamen, die sich teilweise bis in die heutige Zeit erhalten haben, sowie die Hofgrößen, die zur Ermittlung der Steuerabgaben dienten. Die Grundherren neben der Hofmarksherrschaft waren die Kirchen Ober- und Untermenzing, Pipping, Neuhausen, Allach und Freiham sowie die Pfarrei Aubing, das Benefizium Pasing und die Hofmark Pasing (Inhaber Familie von Berchem).

Erst König Maximilian I. Joseph (1799–1825) verkündete feierlich, Schloss Blutenburg keinem Fremden mehr zu überlassen, und ließ das Herrenhaus für sich renovieren. Es wurde 1806 Krongut,[27] nach dem Tod König Maximilians I. Joseph Staatsgut und ging 1827 an das Königliche Bayerische Finanzministerium (heute Bayerische Verwaltung der staatlichen Schlösser, Gärten und Seen) über, das es von nun an verpachtete. Das Institut der Englischen Fräulein nutzte von 1866 bis 1957 das Schloss als Kloster und zahlte jährlich 600 Gulden an Pacht.

Die Affäre König Ludwigs I. (1825–1848) mit der schottischen Tänzerin Maria Dolores Gilbert alias Lola Montez, die sich als Spanierin ausgab und 1847 zur Gräfin von Landsfeld erhoben wurde, schlug in München hohe Wellen. Es gab in der Stadt Straßentumulte und Studentenkrawalle. Lola Montez musste gar um ihr Leben fürchten. Es kam soweit, dass dem Herrscher ein Ultimatum bezüglich der sofortigen Ausweisung der Gräfin aus Bayern gestellt

wurde. Von seinen Bürgern und Reichsräten sowie von der eigenen Familie bedrängt, fügte sich der König schließlich. Binnen einer Stunde hatte seine königliche Favoritin München zu verlassen. Sie übernachtete auf ihrer Flucht aus Bayern vom 11. auf den 12. Februar 1848 im Schloss Blutenburg. Am Pasinger Bahnhof stieg sie in einen Zug nach Augsburg und fuhr über Lindau am Bodensee ins Schweizer Exil. Völlig verarmt starb sie schließlich 1861 an den Folgen eines Schlaganfalls in New York

Ab 1957 pachteten die Schwestern des III. Ordens vom Nymphenburger Krankenhaus Schloss Blutenburg und nutzten es bis 1976 als Altenheim. Ab 1980 wurde das Schloss drei Jahre lang umgebaut und renoviert.

1983 öffnete die Internationale Jugendbibliothek ihre Pforten im Schloss. Sie hat es sich zur Aufgabe gemacht, Kinder- und Jugendliteratur aus der ganzen Welt zu sammeln und sie Kindern wie Erwachsenen zu vermitteln, um die interkulturelle Verständigung zu fördern.

Maria Dolores Gilbert alias Lola Montez wurde aufgrund ihrer wehrhaften Peitschenhiebe als „Frau mit der Peitsche“ bekannt. Lithografie eines unbekannten Künstlers von 1846.

Die Karikatur „Der König und seine geliebte Tänzerin“ stammt von einem unbekannten Künstler und ist undatiert.

Der Weg zur eigenständigen Pfarrei

Die erste Nennung der St.-Georgs-Kirche[28] findet sich in der „Konradinischen Matrikel“ von 1315, einem Inventarverzeichnis von Bischof Konrad von Freising (1314–1322).[29] Im Jahr 1315 gehörten die Dörfer Ober- und Untermenzing mit ihren Friedhöfen neben Pasing, Allach, Pipping und Laim zur Urpfarrei Aubing.[30]

Wie Ausgrabungen zeigen, steht das Gotteshaus St. Georg selbst auf Fundamenten des 9. Jahrhunderts. Es wird vermutet, dass das Langhaus mit Presbyterium um 1430/40 aus Stein erbaut wurde.[31] 1610 wurde die Kirche um die Sakristei und das achteckige Turmobergeschoss erweitert. Wegen Baufälligkeit wurde 1679 der Kirchturm erneuert und bekam vermutlich nach Plänen von Giovanni Antonio Viscardi (1645–1713) einen mit Zwiebel kombinierten Spitzhelm. Im Inneren der Kirche finden sich spätgotische Wandmalereien.

Der alte, die Kirche umgebende Friedhof wurde 1913 mit der Eröffnung des neuen Obermenzinger Waldfriedhofs an der Bergsonstraße, nördlich der Blutenburger Siedlung, geschlossen. Eine Schenkung des Architekten August Exter (1858–1933)[32] noch zu Lebzeiten ermöglichte die erste Erweiterung des neuen Friedhofs. Auf einem eigens von der Stadt München reservierten Areal von rund 1.000 Quadratmetern befindet sich die Grabstätte der Familie Exter und ihrer direkten Nachkommen.

Sankt Georg, Zeichenreproduktion von 1840.

Die spätgotische Saalkirche St. Wolfgang mit umgebendem Friedhof ließ Herzog Sigismund, wie die Inschriftentafel im Innern uns berichtet, 1478 im Weiler Pipping erbauen und nutzte sie bis zur Errichtung der Blutenburger Schlosskirche als Hofkirche. Der Heinrich von Straubing zugeschriebene Dachstuhl der Kirche gilt als Meisterleistung spätmittelalterlicher Holzbaukunst.

Bei Restaurierungsarbeiten wurden Fundamente eines kleineren romanischen Vorgängerbaus um 1315 festgestellt. Der im Winkel zwischen Langhaus und Chorsüdseite eingestellte achteckige Satteltum der Kirche wurde 1794 vom Blitz zerstört und wieder aufgebaut. Er diente 1701 bei der Anlage des Mittelkanals für den Nymphenburger Schlosspark als „Point de vue“ der Gartenhauptachse. Die Innenausstattung der Kirche, ein spätgotisches Kunstwerk, ist weitgehend erhalten geblieben.

Die Pfarrbeschreibung von Aubing aus dem Jahr 1740 umfasst die Filialen Pasing (St. Maria), Laim (St. Ulrich), Pipping (St. Wolfgang), Ober- (St. Georg) und Untermenzing (St. Martin), Allach (St. Peter) sowie die Kapellen St. Johann in Allach, St. Georg und Dreifaltigkeit im Schloss Blutenburg.[33]

Im Jahr 1881 schließlich wurde Pasing von der Pfarrei Aubing losgelöst und als selbstständige Pfarrei Pasing gegründet. Der neue Pfarrsprengel umfasste zunächst Laim, Teile von Friedenheim, Pipping und Obermenzing mit der Blutenburg.[34]

Schon die Diözesanbeschreibung aus dem Jahr 1880 notierte eine für die Gläubigen ungenügende Geräumigkeit des Gotteshauses St. Georg und ermahnte zu dringendster Baupflicht.[35] In Obermenzing sammelte man mit der Neugründung der Pfarrei Pasing sofort freiwillig für die Errichtung einer Expositur in Obermenzing, das heißt eines selbstständigen Seelsorgebezirks, und hatte schnell die Summe von 50.000 Mark zusammen. Am 1. September 1919 wurde der damalige Pasinger Kaplan Alois Stadler zum Expositus erhoben. Die Erhebung der Expositur Obermenzing zur eigenständigen Pfarrei erfolgte 1921. Bis zur Fertigstellung des geplanten Pfarrhauses[36] stand dem Pfarrer eine Dienstwohnung in der Obermenzinger Mühle zur Verfügung. Am 14. Mai 1922 wurde Alois Stadler als erster Pfarrer von Obermenzing feierlich installiert.[37]

Das kirchliche Leben wurde schon seit dem Mittelalter von der Dorfkirche St. Georg geregelt. Mit dem Anstieg der Bevölkerung um 1900 wurde die alte Georgskirche zu klein. Selbst im Erzbischöflichen Ordinariat erkannte man diese Dringlichkeit. Die Gemeinde musste einen Kirchenneubau in Angriff nehmen, auch ein neues Ortszentrum wurde gewünscht.

Auf einem 1920 von der Gemeinde erworbenen ca. 12.000 Quadratmetern großen Areal westlich der Schule an der Grandlstraße sollten die neue Pfarrkirche, ein neues Rathaus, ein neues Feuerwehrhaus und eine Gaststätte bzw. Bürgerhalle entstehen. Für dieses Ensemble konnte die Gemeinde Georg Wilhelm Buchner (1890–1971), Baurat der Reichsbahn, gewinnen, konnte aber das Gesamtprojekt eines neuen Ortszentrums wegen der Weltwirtschaftskrise von 1928 und der Eingemeindung von 1938 nicht realisieren.

Für den neuen Kirchenbau kam den Obermenzingern zugute, dass die Congregatio Passionis Jesu Christi, der Orden der Passionisten, sich schon seit geraumer Zeit in München niederlassen wollte. Als Preis für die Erlaubnis ihrer neuen Niederlassung in der Pasinger Gatterburg an der Planegger Straße hatte der Orden 20.000 US-Dollar zum Obermenzinger Kirchenbau beizusteuern. Zum Dank und zur Erinnerung bekam die neue Pfarrkirche das Patrozinium „Leiden Christi" und die nördlich daran vorbeiführende Straße wurde nach dem Orden benannt.

Die Bauarbeiten der neuen Kirche begannen 1923. Es entstand ein dreischiffiger Bau mit Zwiebelhelmturm. Am 9. November 1924 konsekrierte Kardinal Michael von Faulhaber (1917–1952) die neue Pfarrkirche „Leiden Christi" (auch Passionskirche genannt), die mit ihren verschiedenen Stilelementen einen expressionistischen Bau von kraftvoller Monumentalität darstellt.

Die Schulverhältnisse

Visitationsprotokolle des Bistums Freising aus dem Jahr 1560 zählen im Landgericht Dachau sieben Schulen auf, nämlich die Dorfschulen Günzlhofen, Mammendorf und Aufkirchen sowie die Klosterschulen Fürstenfeld und Indersdorf sowie zuletzt die Marktschulen in Dachau und Bruck.[38] In Obermenzing ist erstmalig 1611 von einem Schulmeister namens Hanns Khönig die Rede, der noch bis 1636 in den Quellen auftaucht.[39]

Auch Anton von Berchem, seit 1676 Besitzer der Hofmark Obermenzing, errichtete um 1679 sein eigenes Schulhaus: „da nit allein die Kinder [...], sondern auch thails alte Leuth sambt deren Knecht und Mägden, in dem Glauben ganz kein information gehabt, sondern die mehriste das Vatter Unser kaum petten, ander aber das Creiz nit machen khönen, derent wegen Ich dan gleich ein Schuelhaus von Grundt aufpauen und die Jugend bishero zu dessen Frequentirung aso anhalten lassen, das gar Vill auß denselben nunmehr im Betten, Lesen und Schreiben, auch Singung geistlicher Lieder sehr wol abgereicht." Er stellte einen eigenen Lehrer an: „Zur Unterweisung der sich in der Hofmarch an der Zahl yber vierthalbhundert befindtenter Khinder ist Vor guett befundten worden, einen aignen Schuell Maister aufzuestelln, unnd Ime Jerlich an Gelt 100fl Zu Verraichen".[40] Wenige Jahre später beschwerte sich der Aubinger Pfarrer über diesen liederlichen Schulmeister, der seiner Arbeit keinesfalls nachkäme, sodass die Kinder wie Vieh aufwüchsen.

Am 5. Februar 1771 wurde in ganz Bayern die allgemeine Schulpflicht eingeführt. Das Schulwesen wurde neu geordnet und beinhaltete eine sechstägige Werktagsschule mit anschließender Feiertagsschule. Aber erst durch die Reformen des Grafen Maximilian von Montgelas (1759–1838) wurde die Schulpflicht in Bayern endgültig durchgesetzt.

Ab 1790 gingen die Kinder von Ober- und Untermenzing sowie von Pipping in die Schule nach Allach. Erst 1801 errichtete der geistliche Rat und Benefiziat Josef Kirchmayr im Benefiziatenhaus von Obermenzing seine Schule. Im Jahr 1803 bat Lehrer Joseph Fleischmann um Brennholz, zwei Tische und vier Bänke für das Schulhaus, was ihm auch genehmigt wurde.

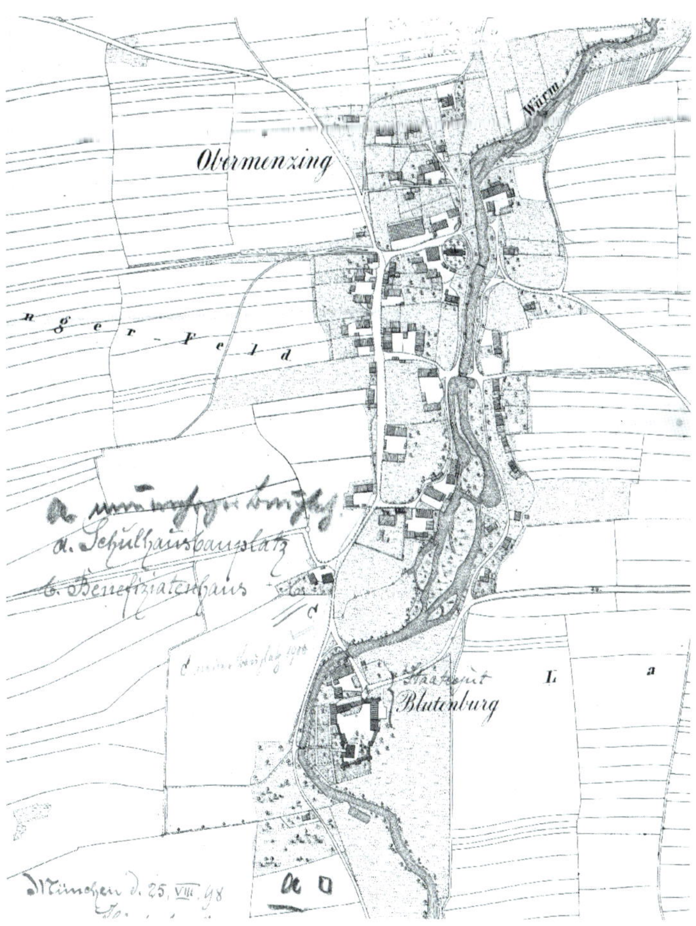

Baugrund für den Schulhausbau in Obermenzing.
Plan aus dem Jahr 1898.

Im Laufe des 19. Jahrhunderts verschwand auch diese Schule und die Obermenzinger Kinder wurden nach Pasing eingeschult. Bald bemühten sich die Obermenzinger wieder um eine eigene Schule. Am 16. Juli 1901 konnte die Gemeinde Obermenzing einen Bauplatz für ein eigenes Schulhaus erwerben, das an der Allacher Straße im Villenstil für 50.578 Mark gebaut wurde.[41] Zur Eröffnung am 1. März 1902 zählte man 42 Knaben und 36 Mädchen, die von den Lehrkräften Martin Ott, Elise Ott und Franz Xaver Amann von der ersten bis zur siebten Klasse unterrichtet wurden.

Schon zehn Jahre später wurde der Bau eines neuen Schulhauses an der Grandlstraße notwendig. Die Pläne dazu lieferten die Architekten Gebrüder Ott.[42]

Die Schule wurde umbenannt nach Dietrich Eckart (1868 – 1923), Publizist und Verleger, der als früher Anhänger des Nationalsozialismus zum Ideengeber Adolf Hitlers wurde. Aufnahme von 1937.

Bereits 1918 musste der Schulbetrieb wegen Truppeneinquartierungen schließen, im Mai 1919 erneut wegen Belegung durch Regierungstruppen und wenig später wegen Kohlemangels und einer Grippeepidemie. 1929 wurde eine Erweiterung des Schulhauses beschlossen.[43]

Zur Umbenennung der Schule an der Grandlstraße in „Dietrich Eckartschule"[44] kam es am 30. Dezember 1937.

Zum Zeitpunkt der Eingemeindung von Obermenzing am 1. Dezember 1938 besaß die Gemeinde unter anderem als öffentliche Gebäude das Hauptschulgebäude an der Grandlstraße 5 sowie das alte Schulgebäude an der Allacher Straße 21, das der NSDAP-Ortsgruppe Obermenzing als Dienststelle überlassen werden musste.[45]

Alte Ehaften und neue Manufakturen

Nach altem Recht gab es in einer Hofmark sogenannte Ehaften, die sich in Taferne, Mühle, Schmiede, Bad, Mesner, Feld- und Viehhüter, Rosswächter und Dorfführer aufgliederten. Der Hofmarksherr verlangte für diese Rechte von seinen Untertanen Abgaben. Eine Ehaftordnung regelte das dörfliche Leben, die Benutzung gemeindlicher Einrichtungen, die Viehhaltung, die Einbringung der Ernte und das Verhältnis der Untertanen zur Herrschaft.[46] Durch den Ehaftzwang waren Bauern und Söldner verpflichtet, ihre Ehaftbetriebe für ihre Arbeiten in

Anspruch zu nehmen, was diesen einen gesicherten, wenn auch bescheidenen Lebensunterhalt ermöglichte. Der Ehaftbrief, die Handwerkergerechtigkeit, ruhte auf dem jeweiligen Anwesen und erlosch bei Tod des Inhabers, weshalb so manche Witwe die vakante Stelle schnell wiederbesetzte und sich ihr Wohnrecht somit sicherte.

Die Obermenzinger Tafernwirtschaft, der Alte Wirt,[47] verdankt seine Entstehung diesem alten Ehaftrecht. Die erste Nennung der Taferne findet sich in einem Kaufbrief von 1417, dessen Erhalt Anton von Berchem 1676 bei Übernahme der Hofmark Menzing bestätigte.[48] Aus dem Lagerbuch der Grafschaft Dachau von 1583 erfahren wir, dass mit der Taferne beträchtliche Besitzungen verbunden waren.

1589/90 begann der Neubau des Hauses unter der Wirtsfamilie Menzinger. Die Bauleitung hatte Rasso Graf, ein Bürger zu Dachau, inne.[49] 1604 waren die Bauarbeiten jedoch immer noch nicht beendet. Der heutige Festsaal des Gasthauses fungierte 1613/14 als Gerichtssaal. Hier wurde am 8. Juni 1614 die Ehaftordnung zu Menzing verlesen.[50]

Das Bier bezog der Wirt in den Jahren 1695/96 vom Kurfürstlichen Brauhaus zu München, insgesamt für diese Zeit 77 ¼ Fass Weißbier.[51] Der Versuch des Wirtes mit Anton von Berchem ein eigenes Brauhaus für Braunbier zu errichten, scheiterte sehr schnell am Widerstand des Kurfürsten.

Das Dorf Obermenzing lag an der wichtigen Straße von München über Lochhausen, Gröbenzell, Maisach und Mering nach Augsburg und Landsberg am Lech. Die Straße führte an der Tafernwirtschaft vorbei, die den Reisenden Essen und Unterkunft bot.

Mit der Anlage des Nymphenburger Parks zu Beginn des 18. Jahrhunderts und der damit verbundenen Verlegung des Verkehrs über Laim, nicht mehr über Obermenzing, traten große Verdiensteinbußen ein. Zudem nahm der Bau des Würmkanals von Pasing zum Schloss Nymphenburg der Taferne 4 ⅛ Tagwerk Grund weg.[52]

Im Urkataster von 1812 befinden sich insgesamt 328 Tagwerke Grund im Besitz des Wirtes. Laut Kataster von 1862 besaß der Wirt nach Grundverkäufen noch 218,90 Tagwerke und war das größte Anwesen in Obermenzing. Zum Wirtshaus allein, ohne Landwirtschaft, gehörten 4,79 Tagwerke. Diese gliedern sich auf in das Tafernwirtsanwesen mit Wohnhaus, Pferde- und Kuhstallung, Holzhütte, Brandweinbrennhaus und Holzremise mit Häusl und Holzraum von insgesamt 0,53 Tagwerken, den Wurzgarten hinterm Pferdestall mit 0,06 Tagwerken, den Grasgarten mit 0,18 Tagwerken, den Getreidestadel mit zwei Tennen und der Wagenremise mit 0,15 Tagwerken, den Mesnergarten mit 0,59 Tagwerken sowie den Oberen Anger mit Grasgarten von insgesamt 3,18 Tagwerken.

Im Jahr 1908 wurde der Alte Wirt zum ersten Mal versteigert und seine Äcker wurden an Obermenzinger Bauern verkauft. 1915 ersteigerte die Aktienbrauerei zum Löwenbräu in München für 48.000 Mark das Gasthaus. Seit Dezember 1985 ist der Alte Wirt im Besitz des Bauunternehmers Max Kerscher, der das Gasthaus von Grund auf sanierte und verpachtete. Seit 2007 wird im Alten Wirt Augustinerbier ausgeschenkt.

Die Obermenzinger Obermühle gelangte 1441 im Tausch aus dem Grundbesitz des Klosters Wessobrunn an den Wittelsbacher Herzog, die Untermühle in Untermenzing (heute Inselmühle) war seit jeher in landesherrlichem Besitz und wurde als Lehen an Münchner Bürger vergeben. Beide Mühlen kamen als Bestandteil der Hofmark Menzing 1676 an Anton von Berchem. Nach dessen Tod fiel die Hofmark samt beiden Mühlen an den Kurfürsten zurück.

Mit dem Bau des von Pasing abzweigenden Nymphenburger Kanals ab 1701 erlitten die Mühlen durch den Wasserentzug empfindliche Einnahmeeinbußen, was zu erheblichen Streitereien führte.[53] 1719 erhoben Georg Kracher, Müller zu Obermenzing, und Anton Grad, Müller zu Untermenzing, beim Landgericht Dachau Klage wegen Wasserentzug: „Sie seien ruiniert und kämen an den Bettelstab [...]. Besonders die Kaskaden in Nymphenburg verschlängen so ungemein viel Wasser. In den Menzinger Mühlen sei statt der bisherigen vier Gänge kaum noch ein einziger zu betreiben."[54] Diesem Prozess schlossen sich bald auch die Fischer an. Doch erst 1752 bis 1756 wurde den Müllern die Hälfte der Mühlanlagssteuer erlassen und 1761 erhielten sie eine Entschädigung von je 150 Gulden in bar.

1829 wurde das Obereigentum abgelöst und die Obermenzinger Mühle kam in Privatbesitz. Vitus Oberpriller, der die Mühle 1897 kaufte, nutzte als erster die Wasserkraft der Würm mit seinem Elektrizitätswerk. In den Jahren 1920/21 wurde die Mühle zu einer Kunstmühle umgestaltet.

Die Mühle zu Untermenzing kam nach vielen Eigentumswechseln 1910 in den Besitz der Familie Unseld, die um 1923 ein Ausflugslokal im Mühlengebäude sowie ein Familienbad auf der Würminsel errichtete.

Ende des 17. Jahrhunderts bestanden in Obermenzing zwei Manufakturen, eine Färberei mit Walkerei und Appreturanstalt sowie eine Tabakmanufaktur.[55]

Bezüglich einer Färberei schlossen Kurfürst Max Emanuel und Anton von Berchem am 18. Juli 1682 einen Kontrakt, in dem es heißt, „nach inhalt derselben gethanen Aussagen in der Hofmarch Menzing nit allein der Wasserfahl sehr vorteilhafft gelegen, sondern auch das Wasser aus der Würmb, sowohl zur Walch, als Farberey darumb am besten und Nüzlichisten befundten, weillen bey diesem milden Wasser mann das Tuech besser fülzen, auch lenger und braider erhalten kann“.[56] Es wurde vereinbart, dass Berchem den Baugrund für die Färberei stellen und dafür einen Gulden jährlich als Grundzins erhalten sollte. Die Kosten für den Bau, die Ausstattung und den Betrieb der Färberei sowie die Gewinne sollten hälftig zwischen beiden geteilt werden.

Berchem verdiente gut an der Färberei, rund 27.700 Gulden kamen in seine Kasse. Der Kaplan freilich sah seine Wiese „wegen schwöllung des Wassers“ als entwertet an und meinte, man müsste ihr eigentlich „die lezte Öelung geben“.[57]

Dann aber errichtete der Kurfürst selbst in Giesing und in der Au eigene Betriebe, arbeitete dabei mit dem Schrobenhausener Kaufmann Johann Senser und dessen Companie zusammen und kündigte schon 1689 den Vertrag mit Berchem. 1697 erteilte der Kurfürst den Befehl, dass die Menzinger Farb- und Tuchmacherei mit aller Gerätschaft in die Au gebracht werden solle.

Die Quellen verschweigen uns, wann genau die Tabakmanufaktur nach Obermenzing gekommen ist. Eben jener Johann Senser aus Schrobenhausen bekam von Berchem das Gebäude der Färberei auf Leibrecht verliehen. In diesem Gebäude, das ab diesem Zeitpunkt in den Quellen das Senserhaus oder die Senserhube[58] genannt wurde, entstand seine Tabakfabrik, für die aus dem Jahr 1758 ein Grundriss existiert.[59]

Bald munkelte man von phantastischen Gewinnen Sensers. 1699 wurden Sensers Geschäftsgebaren untersucht und man warf ihm Zweckentfremdung von 30.000 Gulden Tabaksgeldern vor. 1702 wurde die Tabakmanufaktur wegen Schulden Sensers eingezogen, in die kurfürstliche Hofmark Menzing inkorporiert und stillgelegt.

Das Senserhaus selbst wurde als Wohnung für den Amtmann der Hofmark und drei Tagwerkerfamilien sowie als Schüttboden für das herrschaftliche Getreide genutzt. 1770 wurde

Das Nymphenbad mit Café, im Hintergrund Schloss Nymphenburg. Graphik von 1930.

das marode Senserhaus abgebrochen und das Restgebäude zu einer Amtsmannwohnung mit Getreidespeicher umgebaut. Die gewonnenen Steine wurden für den Neubau des Benefiziatenhauses verwendet, das noch heute steht.

Im Jahr 1902 stand anstelle der Färberei das Stockbad, der Vorläufer des 1925 entstandenen Familienbades. Mit der zunehmenden Verschmutzung der Würm wurde der Badebetrieb in den 1970er Jahren eingestellt. In unmittelbarer Nähe steht hier noch heute das Carlhäusl, ein in seiner ursprünglichen Form erhaltenes Taglöhnerhäuschen.

Das Nymphenbad dagegen lag genau an der Schnittstelle der Wege von Pasing nach Moosach und von Obermenzing nach Laim. Das Bad im kühlen Wasser des Kanals, der eine Sichtachse zwischen Schloss Nymphenburg und St. Wolfgang in Pipping bildet, pflegten selbst die bayerischen Kurfürsten.

Die Neuordnung: Behördenorganisation seit 1803 und Gemeindebildung

Die kurfürstliche Verordnung vom 24. März 1802 veranlasste die räumliche und organisatorische Neuordnung der Landgerichte im Kurfürstentum Bayern. Zu kleine Landgerichte wurden größeren zugeteilt, die Bevölkerung sollte künftig kurze Wege zu dem für sie zuständigen Landgericht haben.

Am 27. August 1803 wurde das Landgericht Dachau neu gestaltet, wobei das Amt Neuhausen (mit Obermenzing) am 5. September 1803 dem neu gebildeten Landgericht München zugeschlagen wurde.

Das Landgericht München war als untere Verwaltungs- und Gerichtsbehörde für das Land um die Residenzstadt herum (in München selbst gab es das Stadtgericht) zuständig und bestand bis 1831.

Durch seine zentrale Lage bot der Isarkreis für die bayerische Regierung eine gute Versuchsgrundlage für die anstehende Bildung der Gemeinden. Hier begann im Jahr 1808 die Landvermessung, die schon 1814 abgeschlossen war.

Mit der Verordnung vom 13. Mai 1808, die das allgemeine Steuerprovisorium betraf, hatten die Landrichter die Pflicht, ihre Landgerichte in möglichst gleich große und geografisch zusammenhängende Steuerdistrikte einzuteilen. Probleme bereiteten hierbei die alten Hofmarksbezirke, deren Arrondierung sich oft bis 1818 hinzog. Die Hofmark Obermenzing inklusive Blutenburg und Pipping wurde dem Steuerdistrikt Untermenzing einverleibt.

Mit dem Gemeindeedikt von 1818 wurde die Bildung der politischen Gemeinden eingeläutet. Meist waren freilich die Steuerdistrikte von 1808 identisch mit der zu bildenden Gemeinde von 1818.

Das Wappen der Gemeinde Obermenzing, entworfen von dem Kunstmaler Lorenz Rheude (1863 – 1939) im Jahr 1922. Heute ziert es den Obermenzinger Maibaum.

Der Steuerdistrikt Untermenzing aber enthielt hofmärkische und landgerichtliche Orte. Er wurde in die patrimonialgerichtliche Gemeinde Obermenzing (mit Blutenburg und Pipping) und die landgerichtische Gemeinde Untermenzing aufgeteilt. Der Ort Untermenzing war groß genug, eine eigene Gemeinde zu bilden und wurde 1938 in die Stadt München eingemeindet.

Im März 1922 beauftragte der Gemeinderat von Obermenzing den Kunstmaler Lorenz Rheude mit dem Entwurf für ein Gemeindewappen, der am 22. September 1922 genehmigt wurde: „In silbernem Schild auf grünem Grunde ein rotes Schloß mit zwei sich verjüngenden Flankentürmen".[60] Bis zur Eingemeindung 1938 wurde das Wappen geführt, heute ziert es den Maibaum.

1924 beschloss der Gemeinderat einstimmig die Anstellung eines Berufsbürgermeisters.[61]

Villenviertel und Baugenossenschaften

Im Zeitalter der industriellen Entwicklung war der Zustrom Arbeit suchender Menschen enorm groß. Trotz einer Zunahme im Wohnungsbau in den letzten Jahrzehnten des 19. Jahrhunderts stand in München aber nur knapp ein Prozent der Wohnungen für eine Neuvermietung zur Verfügung. Menschen unterschiedlicher Ausbildung, Berufe und Herkunft suchten ein Dach über dem Kopf, Familiengründung war unter diesen Umständen nur schwer möglich.

Die Stadt München rückte immer näher an Obermenzing heran. Der Bau von Bahnlinien, deren Schienenstränge einen großen Teil der Pasinger Ortsflur vom Dorfzentrum abtrennten, zog den Verkauf unwirtschaftlich gewordenen Ackerlandes nach sich.

Der Architekt und Bauunternehmer August Exter[62] erwarb 1892 kostengünstiges Bauland im Pasinger und Obermenzinger Gebiet. Geboren in Bad Dürkheim entstammte er einer Pfälzer Kaufmannsfamilie, die in Ludwigshafen, Neustadt und Bad Dürkheim ansässig war, und studierte an der Technischen Universität München. Als Regierungsbaumeister beim Landbauamt München widmete er sich überwiegend dem Münchner Siedlungsbau. Nach seinen Entwürfen vom gesünderen Wohnen in frischer Luft wurden Wohnsiedlungen in Obermenzing, Pasing und Laim realisiert. 1897 gab er sein Baugeschäft auf und zog sich auch bald als Architekt zurück. Er bewohnte zusammen mit seiner Ehefrau Luise und den zwei Töchtern ein

Wohnhaus in der Floßmannstraße 7 in Obermenzing und verstarb dort am 7. Dezember 1933.

Für seine geplante Idealstadt, einer im Grünen eingebetteten Siedlung, die vom Pasinger Bahnhof ausgehend nördlich bis ins Obermenzinger Gebiet übergreifen sollte, kaufte Exter Grundstücke auf. Der damals vorherrschende Baustil des Historismus war eine Mischung aus englischen, französischen und italienischen Elementen. Architektonische und landschaftliche Ausgewogenheit sollte in gesellschaftlicher Harmonie münden, dieses uralte Gesetz der Städtebaukunst fand im Mikrokosmos der Villenkolonie seinen Ausdruck.

August Exter bot in einem Musterkatalog schlüsselfertige Häuser an, die in Größenordnungen und Preis variierten und trotzdem dem Eigentümer viel eigenen kreativen Gestaltungsraum ließen. Einige seiner Häuser in Obermenzing, im ländlichen Stil erbaut, ähneln Bauernhäusern. Das Kanalisationssystem finanzierte und errichtete er selbst, die Anlieger zahlten daher die Abwassergebühren an August Exter. „Ich habe mit der Übernahme der Herstellung dieser Schwemmkanalisation eine Aufgabe der Gemeinde erfüllt, die ein öffentliches, sanitäres Gebot erfüllt. Wasserleitung ohne Kanalisation ist undenkbar und sanitär höchst bedenklich“,[63] so äußerte sich Exter selbstbewusst im Oktober 1898.

August Exter mit seiner Familie. Aufnahme mit seiner Ehefrau Luise und den beiden Töchtern Eva und Klara aus dem Jahr 1907.

In vier Jahren wuchs die Zahl der fertiggestellten Villen auf stolze 150 Stück an, wovon rund 80 Villen auf Obermenzinger Gemeindegebiet lagen.[64] Die Größe der Parzellen sowie die freien Gestaltungsmöglichkeiten jedes Eigentümers innerhalb seiner Parzelle verliehen der Kolonie ihren herrlich romantischen Gartenstadtcharakter.

Seine Architektur zwischen Monotonie und gestalterischer Blüte[65] führte zu einem bemerkenswerten Erfolg seiner 1892 begonnenen Kolonie Neupasing I und veranlasste August Exter schon 1897, eine zweite Kolonie, Neupasing II, zu gründen. Er lobte eigens einen Architektenwettbewerb in ganz Deutschland aus und kaufte dann die besten der eingereichten Entwürfe, die er in seinem zweiten Musterbuch veröffentlichte. Das bisherige Grundprinzip wurde auch für die zweite Kolonie beibehalten: die Alte Allee diente als Mittelachse, von der fischgrätenartig die weiteren Straßen zu beiden Seiten abgingen. Dabei drehten die Häuser ihre Fassaden zur Hauptstraße hin.

Noch im Gründungsjahr der zweiten Kolonie wurden 53 Häuser in Auftrag gegeben. Hundert Tagwerke Land hatte Familie Riemerschmid zu günstigen Bedingungen dem Gründer Exter überlassen und so konnten bis Ende 1898 50 Häuser bezogen werden. Mit Aufgabe seines Baugeschäfts trat August Exter 1899 seine Rechte an der zweiten Kolonie an die Münchner Terraingesellschaft Westend ab.

Weitere Bautätigkeit in Obermenzing entstand mit dem Verkauf von Bauland an der östlichen und westlichen Hofstraße (heute Verdistraße) durch den Ökonom und Besitzer des Gasthofs „Zum Alten Wirt“ Joseph Brandl und den Baumeister Georg Niggl.[66]

Die große Wohnungsnot in München Anfang des Jahres 1909 veranlasste 46 mittlere Beamte der Verkehrsverwaltungen, in Obermenzing eine Baugenossenschaft zu gründen. Ziel dieser Baugenossenschaft war: „Neben geräumiger Wohnung in gesunder Lage wird der Besitz eines entsprechend grossen Gartens als eine Herausforderung der Genossen erachtet. Die Betätigung der Gartenarbeit wird ihren wohltuenden Einfluss auf den Körper ausüben und damit in gesundheitlicher Beziehung von grösstem Nutzen für jeden Genossen sein. Auch soll der Garten dem Einzelnen eine Entschädigung sein für die mancherlei Entbehrungen, die er sich samt seiner Familie gegenüber dem Wohnen in der Stadt auferlegt. Es soll daher die Verwaltung gebeten werden, für jedes Einfamilienhaus 350 qm reine Nutzgartenfläche vorzusehen.“[67] Kleine Nutz- und Haustiere, wie Hühner, Gänse, Enten, Tauben und Kaninchen durften in mäßigem Umfang gehalten werden. Schnell stand auch ein Grundstück von 34.070 Quadratmetern auf Erbpacht zur Verfügung, das nördlich des Durchblickparks nahe der 1907 gebauten Haltestelle Obermenzing der Bahnlinie München–Ingolstadt lag.[68]

Der bayerische Verkehrsminister Heinrich von Frauendorfer (1855–1921) drückte am 20. Januar 1910 noch seine Skepsis aus und wies deutlich darauf hin, dass das „Wohnen in der abseits der Stadt gelegenen Wohnungsanlage mit mancherlei Unbequemlichkeiten und Nebenkosten verbunden ist“.[69]

Im April 1911 war endlich Baubeginn an der Frauendorfer Straße für 36 Doppelhäuser, 31 Reihenhäuser, ein Mehrfamilienhaus für vier Familien und zwei Mehrfamilienhäuser für je

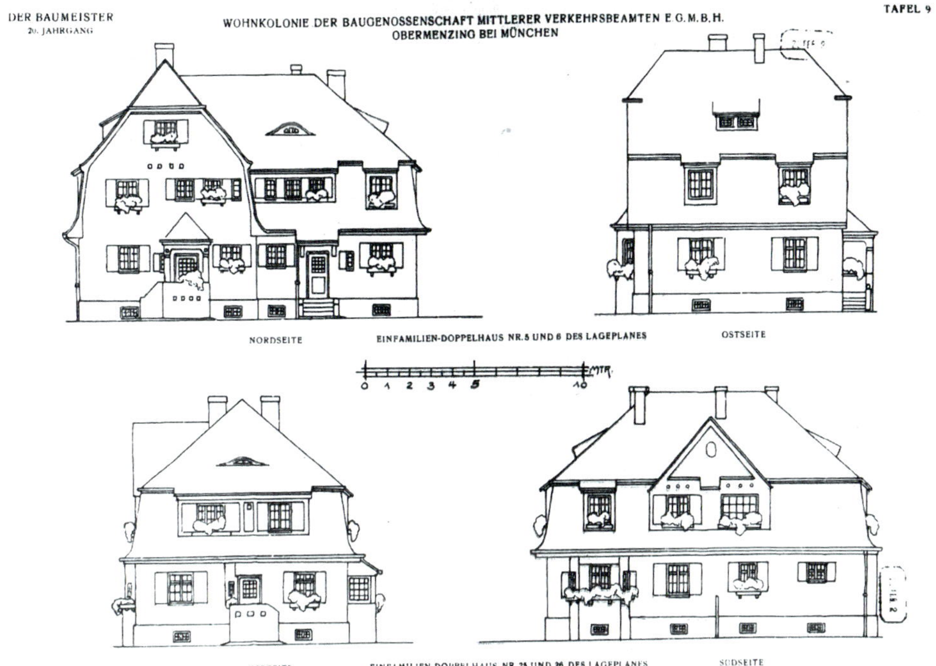

Wohnanlage der Baugenossenschaft der Verkehrsbeamten an der Frauendorferstraße. Aufriss von ca. 1922.

zwei Familien, die entlang der Bahnlinie mit ihrem dem Jugendstil nachempfundenen Baustil zum Gartenstadtcharakter Obermenzings beitrugen. Straßen, Wege und Gärten waren schnell angelegt, Mitte November brannte schon elektrisches Licht. Im Frühjahr 1912 wurde die Gaststätte der Baugenossenschaft „Zum grünen Baum" fertiggestellt.[70] Wenige Jahre später gab es vom Wirt im Mai 1919 heftige Beschwerden, da „eine erhebliche Anzahl unserer Koloniebewohner Flaschenbier unter Umgehung unserer Wirtschaft von außerhalb in die Kolonie einführt und so der Genossenschaft Einnahmeausfälle zufügt".[71]

Mit dem Zuzug in die Verkehrsbeamtensiedlung wurde der Zuwachs an schulpflichtigen Kindern so groß, dass die seit 1902 bestehende Schule an der Allacher Straße zu klein wurde. Es wurde in der Siedlung eine provisorische Zweigschule für zehn bis zwölf Kinder der Klassen 1 bis 3 eingerichtet. Der Unterricht begann am 1. Dezember 1911 und schon nach vier Monaten wechselten die Kinder in die neue Schule an der Grandlstraße.

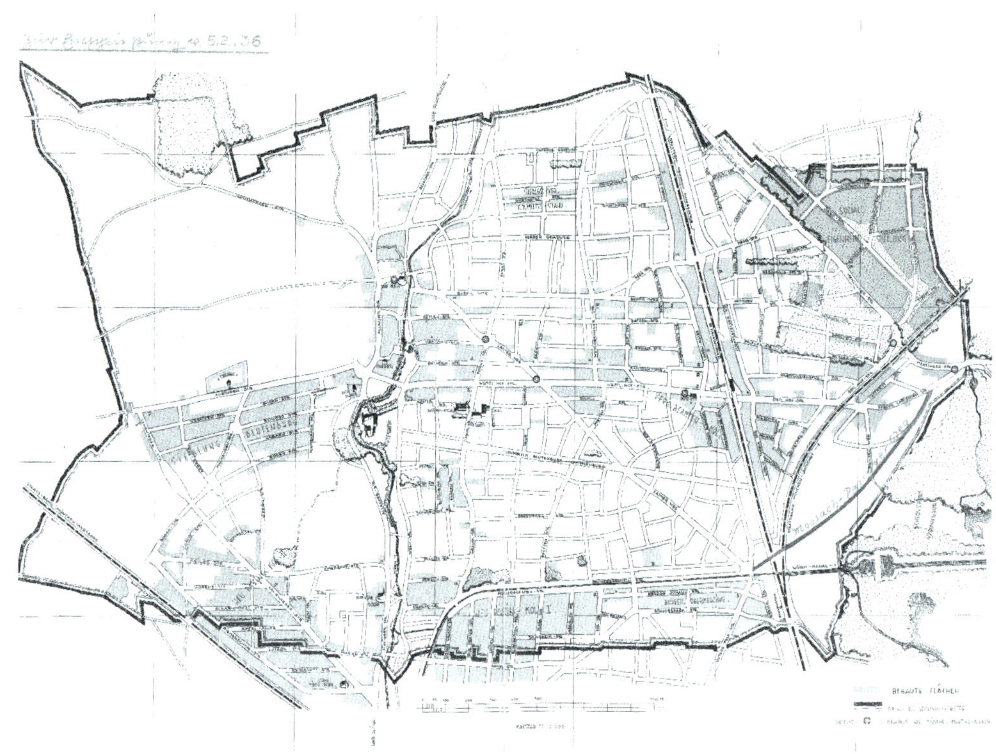

Obermenzing wächst stetig: Die Siedlungen Neu-Pasing I und II, die Siedlung der Verkehrsbeamten, die Siedlung Neulustheim sowie die Siedlung Blutenburg entstehen. Plan von 1936.

Die Genossenschaft der Verkehrsbeamten hatte regen Zulauf und zählte 1914 stolze 246 Mitglieder. Man begann weitere Reihenhäuser zu planen, doch die Inflation von 1924 machte eine zweite Bauperiode zunichte. Zwei Häuser mit je vier Wohnungen, die mit Küche und zwei Zimmern ausgestattet waren, konnten schließlich 1938 noch bezogen werden.

Nach dem Ersten Weltkrieg wurde am 14. Januar 1919 die „Soziale Eigenheim-Siedlung Neulustheim" in Obermenzing gegründet. Das Bayerische Staatsministerium teilte den Siedlern Bauland nördlich der Menzinger Straße von rund 80 Tagwerken nutzbarer Fläche zur Pacht mittels Erbbauverträgen zu.

Die Aufgabe dieser Genossenschaft war es, das Gelände für eine spätere Bebauung vorzubereiten, Straßen und Wege anzulegen und Parzellen zu schaffen. Jedem Siedler blieb es selbst überlassen, sein individuelles Siedlerhäuschen zu errichten. Der Bauplatzwert wurde auf 10.000 bzw. 12.000 Mark festgeschrieben. Für die Straßenbauarbeiten bekam jeder Siedler 280 Arbeitsstunden auferlegt.

1921 begann das Pachtverhältnis und wurde in den kommenden Jahren immer wieder verlängert. Bebaute Siedlungsgrundstücke gingen in Erbpacht über. 1922 und 1924 kamen weitere Bauplätze nördlich der Meislstraße (heute Lechelstraße) hinzu. Bis 1929 waren die Siedler auf eigene Pumpwasserbrunnen angewiesen, die Stromversorgung durch die Isar-Amper-Werke begann schon 1924. Mithilfe der Spatenbrauerei entstand 1926 eine viel besuchte Vereinsgaststätte. Insgesamt 162 Eigenheime wurden bis 1941 erbaut. 1967 galt der Ausbau der Siedlung Neulustheim mit insgesamt 175 Anwesen als abgeschlossen.[72]

Zum Gemeindebezirk Obermenzing gehörten Teile der Kolonien Neupasing I und II, die Verkehrsbeamtensiedlung sowie die Siedlung Neulustheim, sodass bis 1916 rund 400 Einfamilienhäuser und Villen gebaut waren.

1916 entstand in Obermenzing eine weitere Interessenvereinigung, die eine „Siedlung Blutenburg" südlich der Bergsonstraße plante.[73] Das infrage kommende Gelände von ungefähr 41 Tagwerk lag 1,75 Kilometer von der Bahnhaltestelle Obermenzing entfernt und schloss sich westlich direkt an die Blutenburger Grundstücke der königlichen Civilliste[74] mit dem Schlossplatz an. Der Pasinger Bahnhof war davon 1,8 Kilometer entfernt. Aufgrund dieser Entfernungen von beiden Bahnhaltepunkten empfahl die Licht- und Wasserversorgungsgenossenschaft, als erstes einen Heimgarten bzw. ein Gartenheim anzulegen und erst nach reiflicher Überlegung ein Eigenheim zu bauen. Zunächst entstand eine große Heimgartenanlage mit 186 Parzellen, die zwischen 700 und 1.300 Mark kosteten[75], sowie die Gaststätte „Blutenburger Bierstüberl". Nach und nach wurden die Grundstücke mit Häusern bebaut.

Zusätzlich entstand in den Jahren vor 1934 die „Siedlung für den Mittelstand" an der Richthofen-, heute Böhlaustraße.[76]

Die Wertschätzung des eigenen Bodens und der Produkte des eigenen Gartens fand in der Heimgartenbewegung viele Anhänger. Am 22. Mai 1911 trafen sich auf Einladung des Hauptlehrers Martin Ott 26 Grund- und Hausbesitzer sowie Grundpächter von Obermenzing und Neulustheim im Alten Wirt und gründeten den Obstbauverein Obermenzing unter dem Vorsitz von Adalbert Bierl.[77] Vorrangiges Ziel des Vereins war es, die Mitglieder in der allseits beliebten Wandbaum- und Formobstzucht auszubilden und zur Verschönerung von Obermenzing beizutragen. Mit dem Leitspruch des Jahres 1928 „So wie dein Garten, so deine Wohnung" und einem öffentlichen Aufruf in diesem Sinne an alle Hausbesitzer Obermenzings durch den Gemeinderat im Jahr 1931 sollte die „Gartenstadt Obermenzing" verwirklicht werden.[78]

Obermenzing wuchs stetig an.[79] Das Obermenzinger Adressbuch des Jahres 1926 verzeichnet als neu angegliederte Ortsteile die Verkehrsbeamtensiedlung, Neulustheim, die Siedlung Blutenburg sowie die Kolonien I und II.[80]

Während 1890 in der Gemeinde Obermenzing 361 Einwohner lebten, zählte man 1913 2.105 Einwohner, 1919 2.587 Einwohner und 1925 bereits 3.390 Einwohner.[81] Die Volkszählung vom 10. Oktober 1930 notierte 5.038 Einwohner in Obermenzing und wies den Nymphenburger Kanal nahe dem Nymphenbad als bevorzugte Wohnlage aus.[82]

Die berufs- und standesmäßig bunt gemischte Hausbesitzerschicht in Obermenzing bestand 1926 aus 13 Kunstmalern, drei Musiklehrern, einem Pianisten, drei Berufssängern, einem Kapellmeister, zwei Tonkünstlern, einem Musiker, fünf Bildhauern, einem Theaterdirektor, einem Filmschauspieler, einem Redakteur, zwei Schriftstellern, einem Geschäftsleiter, einem Verlagsbuchhändler, drei Präparatoren, zwei Hochschulprofessoren sowie Beamten, Kaufleuten, Fabrikanten und zwei Korvettenkapitänen a. D.[83] Einige waren Privatiers oder Rentner und konnten gut von ihrem Vermögen leben. 1927 praktizierten drei Ärzte in Obermenzing.[84] Die nächste Apotheke war die St.-Jacobs-Apotheke in Pasing.[85] Der Interessenverein Obermenzing-Neulustheim scheiterte 1913 mit seinem Wunsch nach einer weiteren Apotheke. Im Jahr 1937 wurde die Bevölkerung von Obermenzing statistisch in 60 Prozent Beamte, Angestellte und Pensionisten, in 30 Prozent Arbeiter und zehn Prozent Gewerbetreibende aufgeteilt.[86]

Nach der Jahrhundertwende wandelte sich Obermenzing mit seinen Villenkolonien zu einem beliebten Wohnort für viele renommierte Künstler, die hier fernab vom Trubel der Stadt München in ländlich reizvoller Umgebung lebten.[87] Der Maler Carl August Lebschée[88] (1800–1877) betrieb hier in Obermenzing seine Landschaftsstudien.

In der Floßmannstraße 33 lebte der Landschafts- und Genremaler Wilhelm Marc mit seiner Ehefrau Sophie und seinen Söhnen Paul und Franz (1880–1969), später einer der bedeutendsten Maler des Expressionismus. Wilhelm Marc, Professor für Malerei an der Münchner Akademie, hatte sich von seinem Nachbarn August Exter eine Villa mit Atelier bauen lassen. 1893 zog der Genremaler Otto Piltz (1846–1910) mit seiner Familie in ein von August Exter gebautes Haus in die Orthstraße 3. Piltz freundete sich mit dem jungen Franz Marc an und unternahm mit ihm und anderen Malern Ausflüge ins Dachauer Moos. Eigentlich war für Franz Marc ein Studium der Theologie und Philosophie vorbestimmt, er aber begann im Herbst 1900 sein Studium der Malerei an der Münchner Akademie und zog 1904 nach München in die Kaulbachstraße.

Der in Prag geborene Kunstmaler Otto Tragy (1866–1928) beauftragte ebenfalls August Exter mit dem Bau einer Villa in der Marsopstraße 10, die bald ein beliebter Treffpunkt für Künstler wurde. Auch Bildhauer Josef Flossmann (1862–1914), der Schöpfer des Bismarckturms bei Leoni am Starnberger See und des Bismarckbrunnen in Pasing, hatte eine Villa in der Marsopstraße 19, die nach dessen Tod als bekanntes Künstlerhaus weitergenutzt wurde. Sein Schwager, der Genremaler und Illustrator Georg Buchner (1858–1914) lebte ebenfalls mit seiner Familie in Obermenzing. Dessen Sohn Georg Wilhelm Buchner (1890–1971), Baurat der Reichsbahn, wurde für seine Kirchenbauten, wie in Obermenzing die Pfarrkirche „Leiden Christi", bekannt.

Großblättrige Pflanze mit Schmetterling an der Friedhofsmauer. Aquarell des Malers Carl August Lebschée von 1829.

Der Protagonist des Jugendstils Richard Riemerschmid (1868–1957) hatte nach eigenen Entwürfen einen prächtigen Jugendstilbau in der Lützowstraße 11 errichtet. Nahe dem Haus des Malers Fritz Baer (1850–1919) erbaute der Dekorationsmaler Carl Sessig (1854–1914) nach eigenen Entwürfen sein Haus in der Barystraße. Die Malerin und Bildhauerin Freifrau Eugenie von Schacky (1884–1965) bewohnte seit 1900 zusammen mit ihrem Ehemann Georg Mattes (1874–1942)[89] eine Villa von Georg Doerner in der Rubenstraße 1. Der erfolgreiche Maler Carl Gussow (1843–1907) ließ sich von Architekt Johann Christian Gewin 1898 in der Langwiederstraße (heute Alte Allee 46) eine Villa erbauen. Das Grundstück des englischen Glasmalers Francis Belcher,[90] am Laimerwegacker mit einer Fläche von 0,736 Hektar gelegen, wurde 1919 wegen dessen Steuerschulden liquidiert und an den Eisenbahnsekretär Mathäus Hofmann weiterverkauft.

Ansicht des Mahnmals auf dem neuen Friedhof an der Bergsonstraße (heute abgebrochen). Aufnahme von ca. 1934.

Ihre letzte Ruhestätte fanden viele Künstler auf dem Pippinger Friedhof St. Wolfgang oder dem Obermenzinger Friedhof an der Bergsonstraße. Auf letzterem finden sich die Grabstätten des Landschaftsmalers Karl Adam Orth (1869–1942), der sich 1897 mit seiner Schwiegermutter ein Doppelhaus an der Chopinstraße erbauen ließ, wie auch des Malers Hans Huber-Sulzemoos (1873–1951), der 1929 nach den Gesichtszügen seiner Gattin Elisabeth das Madonnenbild am Friedhofseingang gestaltete.

Die Eingemeindung 1938

Am 30. Januar 1933 wurde Adolf Hitler in Berlin zum Reichskanzler ernannt. Reichspräsident Paul von Hindenburg (1847–1934), der sich am 13. August 1932 noch geweigert hatte, einer einzigen Partei die Regierungsgewalt zu übertragen, bewilligte nun bedingungslos dem neuen Kanzler die Forderung nach der Reichstagsauflösung.

Enthüllung des Grabsteins für Bürgermeister Georg Oberpriller. Aufnahme von 1934.

Die Reichstagswahl vom 5. März 1933 zeigt in allen Gemeinden, auch in der Gemeinde Obermenzing, den Erfolg der NSDAP auf breiter Basis. Wie die meisten Bürger glaubten auch die Obermenzinger an das Wunder eines politischen und wirtschaftlichen Aufschwungs, den die Nationalsozialisten versprachen.

In Obermenzing wurden 2.905 gültige Wahlstimmen gezählt, davon fielen 1.732 Stimmen, das heißt 59,6 Prozent, auf die NSDAP. Die SPD erreichte nur 14,2 Prozent, ein Stimmenverlust, der sich in ganz Deutschland seit dem Herbst 1929 in der sich abzeichnenden Wirtschaftsrezession und der damit verbundenen ständig ansteigenden Arbeitslosenzahl angekündigt hatte. Die Bayerische Volkspartei schaffte 26,2 Prozent.[91]

Reichsweit erhielt die NSDAP ein Ergebnis von 43,9 Prozent, in Bayern ein Ergebnis von 43,1 Prozent und in München ein Ergebnis von 37,8 Prozent. Gegen die NSDAP zu regieren, war unmöglich, der Machtwechsel war vollzogen.

Nach den Reichstagswahlen in Bayern erfolgte auf Grund des Notverordnungsgesetzes am 9. März 1933 die Machtergreifung der Nationalsozialisten und Bayern wurde die kommenden zwölf Jahre gleichgeschaltet, zur Provinz degradiert. Ministerpräsident Heinrich Held (1868–1938) wurde entlassen und der ehemalige Freikorpsführer Franz Xaver Ritter von Epp (1868–1947) übernahm als Reichskommissar in Bayern die vollziehende Gewalt, die in Wirklichkeit längst an den Stabschef Ernst Röhm (1887–1934) übergegangen war. NSDAP-Mitglied Karl Fiehler (1895–1969) löste mit Gewalt den Münchner Oberbürgermeister Karl Scharnagl (1881–1963) ab.

In Obermenzing fand am 2. April 1933 eine Festsitzung des Gemeinderats unter Bürgermeister Georg Oberpriller (1907–1934)[92] statt, in der Reichspräsident Paul von Hindenburg, Reichskanzler Adolf Hitler und Reichsminister Hermann Göring (1893–1946) das Ehrenbürger-

Diese und vorhergehende Seite: Feier zum 10-jährigen Bestehen der NSDAP-Ortsgruppe Obermenzing. Aufnahme von 1936.

recht verliehen wurde.[93] Zwei Jahre später, am 29. März 1935, verlieh Obermenzing die Ehrenbürgerschaft an den NSDAP-Staatssekretär Hans Dauser (1877–1969).[94]

Bald nach der Machtübernahme der Nationalsozialisten verboten die neuen Machtinhaber die Kommunistische und Sozialdemokratische Partei. Es begannen in München zahlreiche Verfolgungen und Inhaftierungen politischer Gegner, die auch in Obermenzing nicht Halt machten. Bagatellisierend war von „Schutzhaft"[95] die Rede. Da das Gefängnis Stadelheim bald überfüllt war, beschloss das Regime, die Masseninternierung nach Dachau zu verlagern. Das neue Lager entstand auf dem Gelände einer alten Munitionsfabrik. Am 22. März 1933 begann die Einlieferung in das erste Konzentrationslager. Rechtsgrundlage dafür war die „Verordnung zum Schutze von Volk und Staat" vom 28. Februar 1933, die sämtliche Grundrechte der Bürger, auch den Schutz der persönlichen Freiheit, außer Kraft setzte.

Eingemeindungsfeier im Neuen Rathaus mit Eintragung ins Goldene Buch der Stadt München, von links Bürgermeister Josef Grünwald/Ludwigsfeld, Bürgermeister Johann Bäumer/Allach, Bürgermeister Michael Ostertag/Obermenzing, Oberbürgermeister Karl Fiehler, Bürgermeister Josef Grandl/Untermenzing. Aufnahme vom 1. Dezember 1938.

Des Weiteren sollte fortan jede kommunale Selbstständigkeit ausgeschaltet werden.[96] Bei Eingemeindungsverfahren setzte die neue Gemeindeordnung von 1935 nicht mehr auf das Einverständnis der Beteiligten, sondern einzig auf das öffentliche Wohl. Die Eingemeindung wurde offensiv betrieben. Münchens Oberbürgermeister Karl Fiehler teilte der Regierung von Oberbayern seine Absicht mit, die selbstständigen Gebietskörperschaften Pasing, Obermenzing, Großhadern, Neuried, Solln, Pullach, Grünwald, Gräfelfing, Planegg, Krailling, Gauting, Buchendorf, Leutstetten und Unterbrunn einzugemeinden.

Bürgermeister Michael Ostertag (1935–1938) und seine Gemeinderäte argumentierten 1936/37 noch strikt gegen die Eingemeindung Obermenzings: „Nach gründlicher und reiflicher Überlegung, getragen von der hohen Pflicht, die mir mein geleisteter Diensteid auferlegte und die mich mit den Gemeindebürgern, besonders mit der mir anvertrauten Jugend mit Hab, Gut und Blut verbindet, nach ernster mit größtem Interesse getragener Beratung mit den Beigeordneten und Gemeinderäten, ersucht der Gesamtgemeinderat, wenn irgend mög-

Heim der Hitlerjugend am Schirmerweg, späteres Kloster zum Hl. Hiob. Innenaufnahme von 1940.

lich vorerst von einer Eingemeindung der aufstrebenden und in glänzender Entwicklung begriffenen Gemeinde Obermenzing nach der Hauptstadt der Bewegung abzusehen (...). Die Mehrheit der Siedler lebt überzeugt fern von der Stadt, da das industriefreie Obermenzing ihr das bietet, was ihr Wunsch für den Lebensabend war. (...) und ersuche um Hinausschiebung der geplanten Eingemeindung auf spätere Zeit. Gegenwärtig steht die Bevölkerung, wie die täglich einlaufenden Bedenken beweisen, gegen die Eingemeindung."

Am 26. Oktober 1938, mit Wirkung zum 1. Dezember 1938, schlossen der Oberbürgermeister der Hauptstadt der Bewegung , Karl Fiehler, und der Bürgermeister der Gemeinde Obermenzing, Michael Ostertag, den Vertrag zur Eingemeindung von Obermenzing.

Aus gegebenem Anlass gab Münchens Zweiter Bürgermeister Dr. Karl Tempel (1904–1940) eine prächtig gestaltete Festschrift heraus.[97] Im Großen Hofbräusaal fanden am 1. Dezember 1938 die Feierlichkeiten statt. Für die neu eingemeindeten Ortschaften wurden eigens Busse eingesetzt, die von ein bis drei Uhr morgens die Heimfahrt gewährleisteten.[98]

Obermenzing brachte der Stadt München neben rund 8.200 Einwohnern die stattliche Fläche von 765,8 Hektar und ein respektables Gemeindevermögen von 1.225.298 Reichsmark.[99] Die Einwohnerzahl der Hauptstadt der Bewegung stieg am 1. Dezember 1938 auf 813.000 Einwohner, die Stadtfläche auf exakt 27.516,49 Hektar.[100] Das Münchner Ortsrecht trat am 1. April 1939 im 37. Stadtbezirk Obermenzing in Kraft.[101]

Der Eingemeindungsvertrag von 1938 versprach der Gemeinde Obermenzing eine eigene Bezirksinspektion, ein neues Verwaltungsgebäude und ein neues Friedhofsgebäude. Weiter wurden Straßenneubau, Arbeiten am Wasserrohrnetz und eine Ausdehnung des Gasrohrnetzes in Aussicht gestellt. Auch verpflichtete sich die Stadt München, einen Autobusbetrieb von Obermenzing zum Botanischen Garten einzurichten.

Der Ausbau des schon im Bau befindlichen HJ-Heims wurde großzügig versprochen. Jedoch ließ der Ausbruch des Zweiten Weltkrieges die gewaltigen Pläne von 1938, das neue HJ-Heim für 436 männliche und 568 weibliche Jugendliche auf einem Areal von 1,215 Hektar zu bauen, scheitern.[102] Es wurde kleiner gebaut und diente in den letzten Kriegsjahren den „Arbeitsmaiden" von der Städtischen Straßenbahn München als Unterkunft. Nach Kriegsende wurde das Gebäude komplett geplündert und 1946 von der Außenstelle des Landesamts für Vermögensverwaltung und Wiedergutmachung dem russisch-orthodoxen Männerkloster der „Bruderschaft vom Hl. Hiob von Pocaev" vermietet, das heute seit 70 Jahren nahe Schloss Blutenburg an der Hofbauernstraße 26 ein einfaches, kontemplatives Leben führt.

Jüdische Schicksale

Seit dem 9. März 1933 ging eine Welle an Verhaftungen über Bayern hinweg, erfasste nach reiner Willkür ehemalige Minister, Politiker, Geistliche, Publizisten, Kommunisten, Sozialisten und Juden.

Der Münchner Oberbürgermeister Karl Fiehler sprach sich für den Boykott jüdischer Geschäfte, jüdischer Ärzte und Rechtsanwälte sowie für die Entlassung jüdischer Professoren und Künstler aus. Sämtliche Juden sollten aus dem Wirtschaftsleben der Stadt München vertrieben werden, um ihnen damit jegliche Grundlage ihrer Existenz zu entziehen. Anfänglich richteten sich seine nationalsozialistischen Maßnahmen gegen „Volljuden", bald aber waren auch „Halbarier" betroffen. Der antisemitische Terror steigerte sich in ein ungeahntes Ausmaß. Zutiefst erschütternde Schicksale der jüdischen Bevölkerung zeigen sich auch in Obermenzing und dürfen nicht verschwiegen werden.

Der Buchhändler Berthold Hirsch bemühte sich vergeblich um eine Ausreisemöglichkeit nach Shanghai und wurde 1941 in Kaunas ermordet.

In Obermenzing lebten seit Mai 1928 der Wiener Buchhändler Berthold Hirsch (1890–1941)[103] und seine Münchner Ehefrau Amanda (1892–1932),[104] geb. Steckerl, in der Apianstraße 8 (heute Petergörglstraße). Das Ehepaar führte gemeinsam die Süddeutsche Versand- und Zeitschriftenhandlung R. Steckerl in der Klenzestraße 14.[105] In der Pogromnacht vom 9. auf den 10. November 1938, einem von SA und SS organisiertem Terrorakt gegen jüdische Geschäfte und Gotteshäuser, wurde Berthold Hirsch in das Konzentrationslager Dachau verschleppt. Dort wurde er gezwungen, dem Rechtsanwalt Dr. Kügle eine Generalvollmacht über alle seine Vermögensangelegenheiten zu erteilen.

Dr. Kügle verkaufte das Anwesen Apianstraße 8 an den Präsidenten der „Kameradschaft der Künstler", einen gewissen Robert Scherer. Die Versand- und Zeitschriftenhandlung übernahm das „Braune Band von Deutschland", eine von SS-Brigadeführer Christian Weber initiierte Reitsportveranstaltung. Berthold Hirsch, aus Dachau entlassen, konnte zwar wieder in seinem ehemaligen Haus wohnen, musste aber für ein Bauunternehmen Zwangsarbeit leisten. Noch im Sommer 1939 bemühte sich Berthold Hirsch vergebens um eine Ausreisemöglichkeit nach Shanghai. Ebenfalls in der Apianstraße 8 lebten seit Januar 1939 sein Bruder Gustav Hirsch (1883–1941)[106] und dessen Ehefrau Sidonie (1885–1941)[107].

Am 20. November 1941wurde Berthold Hirsch mit seinem Bruder Gustav und seiner Schwägerin Sidonie nach Kaunas (Litauen) deportiert. Sie wurden am 25. November 1941 zusammen mit 1.000 weiteren Münchner Juden ermordet.[108]

Der Lederwarenfabrikant Simon Kahn (1890–1961)[109] eröffnete 1927 seine Groß- und Kleinhandelsfabrik für Leder und Schuhmacherbedarf am Petersplatz 8 und kaufte sich zusammen mit seiner Frau Martha (gest. 1979) 1936 ein Haus in Obermenzing in der Apfelallee 2.

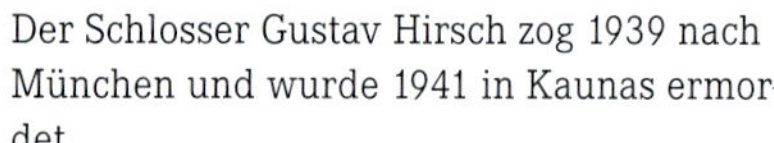

Der Schlosser Gustav Hirsch zog 1939 nach München und wurde 1941 in Kaunas ermordet.

Die Wiener Modistin Sidonie Hirsch, verheiratet mit Gustav Hirsch, wurde 1941 in Kaunas ermordet.

In der Pogromnacht vom November 1938 wurde Simon Kahn ins Konzentrationslager Dachau verschleppt und von Rechtsanwalt Dr. Kügle erpresst, einen Kaufvertrag für seine Fabrik mit Gerhard Fiehler, dem Bruder des Münchner Oberbürgermeisters, zu unterschreiben. Man betrieb in diesem Fall übelste Vetternwirtschaft und arisierte im Mai 1939 die Firma.

Im Januar 1939 flohen viele fränkische Mitglieder der Familie Kahn nach München und kamen bei Simon Kahn in der Apfelallee unter. Sein Neffe Julius Wassermann, geb. 1926, zog am 26. April 1939 bei seinem Onkel Simon Kahn ein. Der Schüler musste Zwangsarbeit als Gärtner leisten und wurde 1942 mit seiner Mutter Martha (geb. 1893) und seiner Schwester Margot (geb. 1924) nach Piaski (Polen) deportiert. Sie wurden am 10. April 1942 ermordet. Das Ehepaar Martha und Simon Kahn selbst konnte am 19. November 1939 mit ihrem Sohn Erich (1924–2001) in die USA emigrieren, woraufhin ihre Immobilie in Obermenzing vom Oberfinanzpräsidenten in München im Namen des Deutschen Reiches eingezogen und das Mobiliar versteigert wurde. Während die Kahns mit ihrem Sohn in New York einen Neuanfang schafften, wurde ihre gesamte fränkische Familie (Carry, Berthold, Minna und Manfred Kahn sowie Kuttner Treina, geb. Kahn) deportiert und ermordet.

Am 4. Juni 1946 forderte das Ehepaar Kahn die Rückerstattung ihres Besitzes. Da das Haus in der Apfelallee nicht verkauft worden war, erfolgte eine Rückerstattung desselben aus Staatseigentum. Anders verhielt es sich mit der Firma, für die, da sie sich in Konkurs befand, nur ein sehr schlechter Vergleich ausgehandelt wurde.

Im Jahr 1928 zogen der Beamte Michael Mayr (gest. 1975) und seine Ehefrau Klara (1891–1977),[110] geb. Jordan, mit ihren fünf Kindern nach Obermenzing in die Neulustheimstraße 6 (dann Hermann-Göring-Straße, heute Döbereinerstraße). Seine Ehefrau Klara, obwohl 1912 zum katholischen Glauben konvertiert, musste 1938 Zwangsarbeit leisten und konnte 1945, kurz vor ihrer Deportation nach Theresienstadt (Tschechien), zu den Englischen Fräulein ins Schloss Blutenburg fliehen, wo sie, von der mutigen Oberin als Nähschwester versteckt, überlebte.

Frieda Schmid (1883–1944), geb. Schöndorff, hatte einen Sohn, Hans Werner Schmid (geb. 1912).

Ihr Bruder Arthur Jordan (geb. 1893) emigrierte 1938 mit seinem Sohn Erich (geb. 1922) in die USA. Seine Ehefrau Frieda (1898–1944) konnte mit Tochter Ruth (1926–2003) nicht nachfolgen und blieb in Obermenzing zurück. Sie mietete sich, nachdem Ruth als Halbjüdin die Schule verlassen musste, 1944 ein Zimmer auf dem Unterbuchberghof bei Gmund am Tegernsee, um vor Verfolgung durch die Nationalsozialisten und vor den Luftangriffen geschützt zu sein. Als Frieda Jordan[111] bei einem Luftangriff in München ums Leben kam, versteckte Bauer Georg Fischbacher, Vater von zehn Kindern, die 18-jährige Ruth Jordan bei sich auf dem Hof. Er gab sie als weitläufige Verwandte aus und rettete ihr so das Leben.[112] Unfassbar mutig von ihm angesichts der Tatsache, dass um Gmund viel braune Prominenz, u. a. Reichsführer SS Heinrich Himmler, lebte. 1947 wanderte Ruth zu Vater und Bruder nach New York aus und konvertierte zum Judentum.

Der jüdische Schriftsteller und Literaturhistoriker Dr. Paul Bornstein (1868–1939) lebte in Berlin, Hamburg, München und Dachau. Einst Lyriker, Essayist und Herausgeber der Werke Friedrich Hebbels lebte er 1938 von einer kleinen Rente in Obermenzing, war gesundheitlich sehr angeschlagen und verstarb am 30. Juli 1939 in München.[113]

Seit Oktober 1937 lebte Frieda Schmid (geb. 1883), geb. Schöndorff, mit ihrem nicht jüdischen Ehemann Franz in Obermenzing in der Menzinger Straße 10. Sie wurde vermutlich durch ihre Ehe vor der Deportation geschützt und verstarb 1944 in München.[114]

Der Terror ging bis zum Ende des nationalsozialistischen Regimes unbeirrt weiter. Bei einer nächtlichen Kontrolle von Ostarbeitern wurde 1944 ein Polizeireservist angeschossen.

Hitlerjugend bei Räumarbeiten in Obermenzing. Aufnahme von 1942.

Zerstörte Gleise und Gruben in Obermenzing. Aufnahme von 1942.

Vier Männer aus dem Lager Moll in der Riemerschmidstraße wurden der Tat verdächtigt und ohne gerichtliches Verfahren am 8. Mai 1944 auf einer Wiese in Obermenzing gehängt.[115]

Am 26. April 1945 begann die SS das Konzentrationslager Dachau zu räumen. Rund 7.000 Häftlinge des Konzentrationslagers wurden mit 2.000 Häftlingen des KZ-Außenkommandos Allach durch das Würmtal, vorbei an Schloss Blutenburg, auf den Todesmarsch geschickt. Ziel dieser Räumung der Konzentrationslager war es zum einen, kurz vor Kriegsende die Spuren des Terrors auszulöschen, und zum anderen, arbeitsfähige KZ-Insassen zum Festungsbau in die Alpen zu bringen. Zur Erinnerung an den Todesmarsch der Häftlinge wurde an der Blutenburg 2001 ein Mahnmal des Künstlers Hubertus von Pilgrim der Öffentlichkeit übergeben.[116] Es ist eines von mehreren Mahnmalen, die entlang der Strecke des Todesmarsches aufgestellt wurden.

Am 30. April 1945 rückten die Voraustruppen der 7. US-Armee kampflos in München ein. Krieg und NS-Terror hatten endlich ein Ende.

Ausblick

„Mir san net von Pasing, mir san net von Loam,
mir san von dem lustigen Menzing dahoam!
Ees Protzen vo Pasing
Ees G'scheerte vo Loam,
geht's aussi auf Menzing
da is Buidung dahoam!
Menzing siecht ma kam
vor lauter Kastanienbaam,
schod, daß koa Pflaster hot
sunst warn ma a Schtodt![117]

Erfunden hat dieses Schnaderhüpfl angeblich ein Knecht von Schloss Blutenburg und heute werden es wohl nur noch wenige Obermenzinger kennen. Der Dünkel der Obermenzinger gegenüber den Nachbargemeinden rührte, so die gebürtige Obermenzinger Förstertochter Susi Roth, wahrscheinlich von ihrer Zugehörigkeit zum Schloss her. Im Jahr 1938 verlor Obermenzing schließlich seine Selbstständigkeit, wurde eingemeindet und zu einem Münchner Stadtteil.

Im Zweiten Weltkrieg fielen auch auf Obermenzing Fliegerbomben und zahlreiche Einwohner starben. Mit dem Einzug der Amerikaner am 30. April 1945 endete die Schreckensherrschaft der Nationalsozialisten in Bayern. Landwirt Georg Angermair (1910–1957) wurde offiziell als ehrenamtlicher Bezirksbürgermeister von Obermenzing eingesetzt. 1948 verschwanden die NS-Bezeichnungen und die Straßen wurden umbenannt.

Die evangelische Gemeinde Pasing betreute seelsorgerisch lange Jahre den gesamten Münchner Westen von der Bahnlinie München–Dachau bis hin zum Ammersee. Ab 1924 übernahm Pfarrer Ludwig Pöhner die Betreuung der evangelischen Obermenzinger Gemeinde als zweiten Sprengel der Pasinger Himmelfahrtsgemeinde. In der Gaststätte „Grüner Baum" hielt er regelmäßig seine Bibelstunden ab. Gegen Ende seiner Amtszeit war die evangelische Gemeinde auf gut 6.000 Seelen angewachsen.

1964 entstand schließlich aus dieser Tochtergemeinde Pasings eine eigene evangelisch-lutherische Gemeinde in Obermenzing mit einer Behelfskirche an der Karwinskistraße. Schon bald erwies sich diese Notkirche als zu klein. 1975 wurde das neue Gemeindezentrum „Carolinenkirche" an der Sarasatestraße im Gedenken an die erste evangelische Königin Bayerns eingeweiht.[118]

Trotz jahrelanger Bürgerinitiativen und Bemühungen der Bezirksausschüsse wurde durch Stadtratsmehrheit schließlich die Stadtviertelreform vom 1. September 1992 durchgesetzt und Obermenzing mit Pasing zum 21. Stadtbezirk Pasing-Obermenzing zusammengelegt. Am 1. Januar 1996 trat die vom Stadtrat am 6. November 1991 beschlossene Stadtbezirksneueinteilung in Kraft.

Heute ist aus dem einst fernab vom Trubel der Stadt gelegenen Bauerndorf Obermenzing ein gehobenes Münchner Wohnviertel geworden. Freilich thront die bayerische Dreieinigkeit von Gotteshaus, Friedhof und Wirtshaus noch immer ausdrucksstark im alten Dorfkern Obermenzings. Die Vorstellung von Dorf und Harmonie, die Sehnsucht nach einer kleinen funktionierenden Welt wird hier noch immer erfüllt.

Anmerkungen

1 Bitterauf, Traditionen des Hochstiftes Freising, Bd. I., Nr. 52.
2 Ebd., Nr. 386a.
3 Ausführlich dazu: Fried, HAB Dachau-Kranzberg, S. 65f., 123f.
4 Vgl. dazu: Vogelsgesang (Hrsg.), Blutenburg, 1992, S. 7–12.
5 BayHStA Kurbayern Geheimes Landesarchiv 1029.
6 Ausführlich dazu: Diepolder, Adelsherrschaften, S. 67.
7 BayHStA GL Dachau 415: „Nidermentzing". Das Salbuch von 1486 nennt 16 Güter, die zum Schloss Menzing gehören.
8 Schaehle, Hofmark Menzing, S. 49.
9 Vgl. Höppl, Die Urkunden des Klosters Wessobrunn, S. 36.
10 Mit Scharwerk sind bäuerliche Spann- und Handdienste gemeint, wie z.B. Ackerbestellung und Drescharbeit, während Rais für die Bauern Heerdienst bedeutete.
11 BayHStA KL Wessobrunn Nr. 3b.
12 BayHStA Kurbayern Äußeres Archiv 1942 fol. 188ff.; Kurbayern Urkunden 4330 und 18647.
13 Geiß, Beitrag zur Geschichte der Agnes Pernauer, S. 303f. Die Bezeichnung „Jungfrau", obwohl bekannt war, dass sie die Gemahlin Herzog Albrechts war, zeigt deutlich, wie vehement Lehnsherr Herzog Ernst gegen diese Heirat war.
14 Vogelsgesang (Hrsg.), Blutenburg, 1992, S. 175.
15 BayHStA Kurbayern Geheimes Landesarchiv 1029.
16 Wild, Sigmund, S. 361f. Eine weitere uneheliche Tochter hatte er mit einer Tochter des Konrad von Freyberg zu Kammerberg.
17 BayHStA GL Dachau 415.
18 Dazu: v. Kobell, Jagdregister, S. 194–219 Albrecht V. (1555–1579) jagte Hirsche, Rehe, Füchse, Hasen, Sauen, Bären und Eichhörner.
19 Mit Schwarzwild sind Bär, Wolf und Wildschwein gemeint.
20 Fried, Herrschaftsgeschichte, S. 123f.
21 BayHStA Kurbayern Geheimes Landesarchiv 1029.
22 Geiß, Die Reihenfolgen der Gerichts- und Verwaltungsbeamten, in: OA 26, S. 91.
23 BayHStA Kurbayern Urkunden 20510.
24 BayHStA GU Dachau 780; GL Dachau 71: Der Kaufpreis ist identisch mit der Pfandsumme von 1638. Die 40 Güter in Obermenzing, die 31 Güter in Untermenzing und die 4 Güter in Pipping werden namentlich aufgeführt.
25 BayHStA GL Fasc. 3509 Nr. 12 ad 39.
26 Vgl. Fried, HAB Dachau-Kranzberg, S. 67f.
27 Als Krongut wurde ein Gebiet des Königreichs Bayern bezeichnet, das sich im direkten Besitz des Monarchen befand und von der Königlichen Kammer verwaltet wurde.
28 Ausführlich dazu: Thurner, St. Georgs-Kirche, München 1993.
29 Vogelsgesang (Hrsg.), Obermenzing I., S. 8.
30 Bauer, Stadtteilbuch Pasing, S.25.
31 Mayer/Westermayer, Statistische Beschreibung Bd. II, S. 486ff.
32 Ausführlich zu August Exter siehe Kapitel „Villenviertel und Baugenossenschaften".
33 Schaehle, Hofmark Menzing, S. 103ff.
34 Bauer, Stadtteilbuch Pasing, S. 25f.
35 Wie Anm. 29
36 Das Pfarrhaus wurde erst 1956 vollendet.
37 Schaehle, Hofmark Menzing, S. 105; Vogelsgesang (Hrsg.), Obermenzing II., S. 149ff.
38 Vgl. Vogelsgesang (Hrsg.), Obermenzing I., S. 165ff.
39 Vgl. zur Schule: Schaehle, Hofmark Menzing, S. 384ff.
40 Vogelsgesang (Hrsg.), Obermenzing I., S. 166.
41 StadtAM Obermenzing 432 I-III.
42 StadtAM Obermenzing 891. Die Gebrüder Ott waren die Söhne des Obermenzinger Lehrers Martin Ott und hatten ihr Büro am Bahnhofsplatz in Pasing.
43 StadtAM Obermenzing 896 I-III.
44 StadtAM Obermenzing 325.
45 StadtAM BuR 164, 169.
46 BayHStA GL Dachau 71: Ehaftbuch von 1673 für Menzing.
47 Vgl. Vogelsgesang (Hrsg.), Obermenzing I., S. 39ff.
48 BayHStA Kurbaiern 20364: Am 13. Juni 1676 erteilte Kurfürst Ferdinand Maria den Befehl, sämtliche Urkunden bezüglich der Hofmark Menzing an Berchem abzugeben. Leider sind diese älteren Urkunden seit der Übergabe aus dem kurfürstlichen Archiv an Berchem verschollen.
49 Ausführlich zur Geschichte des Wirtshauses: Kerscher/Thurner, Gasthof zum Alten Wirt von Obermenzing.
50 Vgl. Erichsen, Szenen aus der Hofmark, in: Erichsen (Hrsg.), Blutenburg, S. 307ff.
51 Insgesamt 20.147 Liter.
52 BayHStA Plansammlung 8557; StAM Rentmeisteramt München Unterbehörden 6681.
53 StadtAM Obermenzing 539.
54 Vogelsgesang (Hrsg.), Obermenzing I., S. 88.

55 v. Zwehl, Die Manufakturen, in: Erichsen (Hrsg.), Blutenburg, S. 275–285; Schaehle, Hofmark Menzing, S. 364ff.
56 BayHStA GL Fasc. 3509 ad 58.
57 v. Zwehl, Die Manufakturen, in: Erichsen (Hrsg.), Blutenburg, S. 284.
58 StAM Rentmeisteramt München Unterbehörden 6678.
59 BayHStA GL 652/279. Abgebildet bei v. Zwehl, Die Manufakturen, in: Erichsen (Hrsg.), Blutenburg, S. 283.
60 StadtAM Obermenzing 642.
61 StadtAM Obermenzing 101.
62 Vgl. dazu: Hasselwander, August Exter, S. 57ff. Sein Bruder Julius Exter (1863–1939), der bekannte Maler und Bildhauer, lebte am Chiemsee.
63 Hasselwander, August Exter, S. 36.
64 StadtAM Obermenzing 425; vgl. Schaehle, Hofmark Menzing, S. 401.
65 Vogelsgesang (Hrsg.), Obermenzing II., S. 107.
66 Vgl. Ebd., S. 402f.
67 100 Jahre Baugenossenschaft, S. 81.
68 Der Quadratmeterpreis betrug 1,17 Mark.
69 100 Jahre Baugenossenschaft, S. 26.
70 Als Vorgänger diente eine Kantine namens „Schwartlingssalon“, eingerichtet von der Münchner Augustinerbrauerei.
71 100 Jahre Baugenossenschaft, S. 83.
72 Vgl. Fünfzig Jahre Siedlung Neulustheim; Vogelsgesang (Hrsg.), Obermenzing II., S. 117ff.
73 Ausführlich dazu: Siedlung Blutenburg, München ca. 1916.
74 Unter Civilliste versteht sich eine Kronrente, die fester Bestandteil des Staatshaushaltes war. Alle Aufwendungen des Fürsten für Hofhaltung und Familie wurden seit 1804 mit öffentlichen Mitteln bestritten.
75 Eine Normalparzelle mit 450 Quadratmetern kostete 528,30 Mark bei einer Anzahlung von 7 Prozent des Kaufpreises und 7 Prozent Zins und Tilgung. In gut 25 Jahren sollte man schuldenfrei sein.
76 StadtAM Obermenzing 441. Vgl. Vogelsgesang (Hrsg.), Obermenzing II., S. 21.
77 StadtAM Obermenzing 261; Festschrift 100 Jahre Blumen- und Gartenfreunde München-Obermenzing, München 2011.
78 StadtAM Obermenzing 261.
79 StadtAM BuR 1395: Seit 1935 liefen Verhandlungen über die Errichtung einer Siedlung für Kriegsopfer und Frontkämpfer (NSKOV).
Die Grundstücke (3,90 Tagwerk) wurden bis 1938 von der Oberbayerischen Heimstätte erworben, die als Eigenkapital von den Bauherren 1.000 Reichsmark einforderte und dafür ein zinsloses Darlehen über 650 Reichsmark offerierte. Als Bautyp wurde das Doppelhaus vorgeschrieben. Die Gemeinde Obermenzing hatte den Grundstückspreis von 1.570 Reichsmark sowie die Erschließungskosten von 950 Reichsmark zinslos zu stunden. Weder die geografische Lage dieser Siedlung noch, ob diese Siedlung je realisiert wurde, ist aus den Quellen ersichtlich.
80 Schaehle, Hofmark Menzing, S. 404.
81 StadtAM Obermenzing 208.
82 Ebd.
83 Schaehle, Hofmark Menzing, S. 405.
84 Ebd., S. 411.
85 StadtAM Obermenzing 87.
86 StadtAM BuR 1395.
87 Vgl. dazu: Scheibe-Jäger, Die Bildhauer der Künstlerkolonie Obermenzing.
88 Ausführlich zur Biografie von Lebschée siehe Huber, Carl August Lebschée.
89 Der Nachlass von Georg Mattes ist im Stadtarchiv München zu finden.
90 StadtAM Obermenzing 44, 45. In unmittelbarer Nähe entstand die Verkehrsbeamtensiedlung.
91 Vgl. zu den Wahlergebnissen Igl, Kleine Geschichte Obermenzings, S. 12
92 Der Nationalsozialist Georg Oberpriller war ab 1925 erster Bürgermeister von Obermenzing. Der Nationalsozialist Michael Ostertag, Ortsgruppenführer und Gemeinderat, wurde 1931 zweiter Bürgermeister von Obermenzing.
93 StadtAM Obermenzing 321. Hindenburg bedankt sich am 18.4., Göring am 22.5. und Hitler am 12.6.1933.
94 Ebd.
95 StadtAM Obermenzing 948.
96 Ausführlich dazu: Michel, Die Münchner Eingemeindungspolitik.
97 Festschrift anlässlich der Eingemeindung, 1938.
98 StadtAM BuR 1375.
99 StadtAM BuR 164, 169.
100 Festschrift anlässlich der Eingemeindung, 1938, S. 13.
101 StadtAM BuR 1396, 1405.
102 Vgl. Nerdinger, Bauen im Nationalsozialismus, S. 168; Vogelsgesang (Hrsg.), Obermenzing II., S. 123ff.
103 StadtAM Kommunalreferat Jüdisches Vermögen 231; KKD-1657.
104 Amanda Hirsch verstarb bereits am 29.07.1932.
105 Schoßig, Ins Licht gerückt,, S. 159ff.
106 KKD-1666.
107 KKD-1691.
108 Berthold Hirsch stiftete 1931 dem Gemeinderat von Obermenzing 238 Bücher und legte damit den Grundstock für die örtliche Gemeindebibliothek. 2009 erhielt eine Straße in Obermenzing seinen Namen.
109 Vgl. Schoßig, Ins Licht gerückt, S. 167ff.; Barth, Die Kahns, in: Schoßig, Ins Licht gerückt, S. 19ff.
110 Koppers-Weck, Rettung einer katholischen Jüdin, in: Schoßig, Ins Licht gerückt, S. 205ff.
111 Nennung von Frieda Jordan auf der Gedenktafel in der Pfarrkirche „Leiden Christi“.
112 Koppers-Weck, Ruth Jordan, in: Schoßig, Ins Licht gerückt, S. 211ff.
113 StadtAM (Hrsg.), Gedenkbuch der Münchner Juden, Bd. 1, S. 184.

114 Ebd., Bd. 2, S. 443.
115 Nerdinger (Hrsg.), München und der Nationalsozialismus, S. 292.
116 Vgl. dazu: v. Pilgrim, Mahnmal,.
117 Roth, Menzinger G'schichten, S.7f. Susi Roth war die Tochter des letzten Königlich Bayerischen Försters Max Roth und wurde im Forsthaus Obermenzing geboren.
118 Vogelsgesang (Hrsg.), Obermenzing II., S. 123ff.

Quellen und Literatur

QUELLEN

Bayerisches Hauptstaatsarchiv
GL Dachau 71, 415.
GU Dachau 780.
GL Fasc. 652/279, 3509.
KL Wessobrunn 3b.
Kurbaiern 20363, 20364, 20510.
Kurbayern Äußeres Archiv 1942.
Kurbayern Geheimes Landesarchiv 1029.
Kurbayern Urkunden 4330, 18647.
Plansammlung 8557.

Staatsarchiv München
Kataster 13227, 13904, 13907, 13230.
LRA Dachau 24208.
LRA München 17769.
Rentmeisteramt München Unterbehörden 6117-6143, 6678, 6680, 6681, 6684.

Stadtarchiv München
BuR 164, 169, 305, 1366, 1375, 1392, 1395, 1396, 1403, 1405.
Obermenzing 4, 38, 39, 44, 45, 52 I-II, 64, 87, 89, 97, 98, 101, 118, 160, 208, 229, 261, 313, 321, 325, 327, 350, 376, 418, 425, 427, 432 I-III, 441, 469, 487, 534, 536, 537, 538, 539, 540, 541, 542, 543, 544 I-VIII, 603, 638, 642, 659 I-II, 744, 825, 853, 880, 891, 896 I-III, 913, 915, 948.
Kommunalreferat Jüdisches Vermögen 231, 232, 233, 234.
Lokalbaukommission 07033, 07034.

LITERATUR

- Altmann, Lothar: Pfarrkirche Leiden Christi – St. Georg – St. Wolfgang – Schlosskapelle Blutenburg, Germering 1999.
- Ders.: Georg W. Buchner und seine Kirchenbauten im Münchner Raum, in: Jahrbuch des Vereins für christliche Kunst in München, Bd. XXII. Beuron im Donautal 2004, S. 114–132.
- Ausgeführte Bauten der Architekten Martin und Valle Ott, Mitarbeiter Fr. Kohl, Pasing 1931.
- Barth, Doris: Die Kahns in der Apfelstraße in Obermenzing, in: Obermenzinger Hefte, Obermenzing 2010.
- Bauer, Richard: Geschichte Münchens, München 1992.
- Ders.: Pasing – Zeitreise ins alte München, hrsg. v. Stadtarchiv München, München 2011.
- Baugenossenschaft der Verkehrsbeamten Obermenzing (Hrsg.): 100 Jahre Baugenossenschaft der Verkehrsbeamten Obermenzing eG, München 2009.
- Biographisches Handbuch der deutschsprachigen Emigration 1933–1945, Bd. I., München 1980.
- Birmann, Dieter: Sonnenuhren in Pasing-Obermenzing, München 2013.
- Bitterauf, Theodor: Die Traditionen des Hochstifts Freising, 2 Bde., QE NF 4 und 5, München 1905–1909.
- Deutinger, Martin von: Die älteren Matrikeln des Bisthums Freysing, 3 Bde., München 1849/50.
- Ebert, Helmut: Pasing-Obermenzing als Künstlerkolonie, in: Pasinger Archiv München 1997, S. 15–20.
- Erichsen, Johannes (Hrsg.): Blutenburg, Beiträge von Schloß und Hofmark Menzing, München 1985.
- Festschrift anlässlich der Eingemeindung von Obermenzing, Untermenzing, Allach, Ludwigsfeld, Solln am 1. Dez. 1938, hrsg. v. Bürgermeister Dr. Tempel, München 1938.
- Festschrift 100 Jahre Blumen- und Gartenfreunde München-Obermenzing e. V., München 2011.
- Fried, Pankraz: Die Landgerichte Dachau und Kranzberg, in: Historischer

Atlas von Bayern Teil Altbayern, Heft 11/12, München 1958.
- Ders.: Herrschaftsgeschichte der altbayerischen Landgerichte Dachau und Kranzberg im Hoch- und Spätmittelalter sowie in der Neuzeit, in: Studien zur bayerischen Verfassungs- und Sozialgeschichte, Bd. I, München 1962.
- Fünfzig Jahre Siedlung Neulustheim e. V. in München-Ober- und Untermenzing, München 1969.
- Geiß, Ernst: Beitrag zur Geschichte der Agnes Pernauer, in: OA 7 (1846), S. 303–304.
- Ders.: Die Reihenfolgen der Gerichts- und Verwaltungsbeamten Altbayerns, in: OA 26 (1865–1866), S. 26–158.
- Haerendel, Ulrike: Kommunale Wohnungspolitik im Dritten Reich, in: Studien zur Zeitgeschichte 57, München 1999.
- Hasselwander, Hermann: August Exter. Gründer der Villenkolonie, in: Pasinger Archiv, 1983, S. 57–76.
- Heimat- und Trachtenverein „D´Würmtaler" Menzing (Hrsg.): Das Carl-Häusl in Obermenzing, München 1998.
- Herleth-Krentz, Susanne/Mayr, Gottfried: Das Landgericht Erding, in: Historischer Atlas von Bayern Teil Altbayern, Heft 58, München 1997.
- Herleth-Krentz, Susanne: Hadern – Zeitreise ins alte München, hrsg. v. Stadtarchiv München, München 2015.
- Hoffmann, Richard: Die Passionskirche in Obermenzing, München ca. 1925.
- Höppl, Reinhard: Die Urkunden des Klosters Wessobrunn 1364–1562 (QE NF XXXII/3,1), München 2005.
- Hubensteiner, Benno: Bayerische Geschichte, München 1977.
- Huber, Brigitte: Auf der Suche nach historischer Wahrheit: Carl August Lebschée (1800–1877). Ein Münchner Künstlerleben, München 2000.
- Igl, Peter (Red.): Katholische Pfarrgemeinde Leiden Christi, Festschrift, München 1999.
- Ders.: Kleine Geschichte Obermenzings, München 1981.
- Kerscher, Max/Thurner, Adolf: Gasthof zum Alten Wirt, Gräfelfing 1996.
- Kobell, Franz von: Jagdregister Herzog Wilhelms V. vom Jahre 1545, in: OA 15,2 (1855), S. 194–219.
- Kraus, Andreas: Geschichte Bayerns, München 1983.
- KulturGeschichtsPfad, Allach-Untermenzing, Bd. 23, München 2011.
- KulturGeschichtsPfad, Pasing-Obermenzing, Bd. 21, 4. Aufl., München 2009.
- Mayer, Anton/Westermayer, Georg: Statistische Beschreibung des Erzbistums München-Freising, München 1880.
- Michel, Gabriel: Die Münchner Eingemeindungspolitik in der nationalsozialistischen Zeit, Magisterarbeit, München 1986.
- München: die Stadtviertel in Geschichte und Gegenwart, Süddeutsche Zeitung Edition, München 2011.
- Nerdinger, Winfried (Hrsg.): Bauen im Nationalsozialismus. Bayern 1933–1945, München 1993.
- Dies..: München und der Nationalsozialismus, Katalog des NS-Dokumentationszentrums München, München 2015.
- Ongyerth, Gerhard: Die Würm, München 1995.
- Panzer, Marita: Agnes Bernauer. Die ermordete Herzogin, Regensburg 2007.
- Ders.: Lola Montez. Ein Leben als Bühne, Regensburg 2014.
- Pilgrim, Hubertus von: Das Mahnmal zur Erinnerung an den Todesmarsch der Häftlinge des Konzentrationslagers Dachau, München 2001.
- Reichlmayr, Georg: Geschichte der Stadt München, Erfurt 2013.
- Reindel, Kurt: Die Vorbevölkerung, in: Handbuch der bayerischen Geschichte Bd. 1, München 1975, S. 93–101.
- Rösch, Mathias: Die Münchner NSDAP 1925–1933, in: Studien zur Zeitgeschichte 63, München 2002.
- Roth, Susi: Menzinger G'schichten, München 1974.
- Rudolph, Ernst: München Allach-Untermenzing, Die Geschichte eines Stadtteils, 2. Aufl., München 2012.
- Sandberger, Adolf: Altbayerische Studien zur Geschichte von Siedlung, Recht und Landwirtschaft, in: Schriftenreihe zur Bayerischen Landesgeschichte 74, München 1985, S. 36–55.
- Schaehle, Franz: Die Hofmark Menzing – Die Geschichte der Gemeinde Obermenzing, Obermenzing 1927.
- Scheibe-Jäger, Angela: Die Bildhauer der Künstlerkolonie Obermenzing des 19./20. Jahrhunderts, in: Obermenzinger Hefte 12/2010, hrsg. v. Verein der Freunde Schloss Blutenburg e. V.
- Schoßig, Bernhard (Hrsg.): Ins Licht gerückt – jüdische Lebenswege im Münchner Westen: eine Spurensuche in Pasing, Obermenzing und Aubing, München 2008.
- Schülke, Bernd-Michael/Koch, Bernhard (Hrsg.): Alles wird anders: Pasing im 3. Reich, München 2013.
- Schwarz, Albert: Die Zeit von 1918 bis 1933, in: Handbuch der bayerischen Geschichte Bd. 4/1 (1979), S. 283–517.
- Selig, Wolfram: „Arisierung" in München. Die Vernichtung jüdischer Existenz 1933–1937, Berlin 2004.
- Siedlung Blutenburg, München ca. 1916.
- Stadtarchiv München (Hrsg.): Biographisches Gedenkbuch der Münchner Juden 1933–1945, 2 Bde., München 2003/07.
- Thurner, Adolf: Die St. Georg-Kirche zu Obermenzing, München 1993.
- Ders.: Die St. Wolfgang-Kirche zu Pipping, München 1990.
- Ders.: Dorfgeschichten und Verserl, München 1992.
- Ders.: Aus der Geschichte der Obermenzinger Feuerwehr: Mit einer Leiter und einer Saug- und Druckspritze fing's 1873 an, München 1985.
- Ders.: Gasthof zum Alten Wirt von Obermenzing, Gräfelfing 1996.
- Ders.: Mühle, Obermenzinger Hofgeschichten, München 1985.
- Ders.: Obermenzinger Hofgeschichten: Die Dorfschmiede, München 1985.
- Ders.: Obermenzinger Hofgeschichten, Wo der Herzog einst persönlich jagte, Geschichten rund ums Forsthaus, München 1986.
- Ders.: Der Obermenzinger Maibaum: Ohne die Burschen geht gar nichts, München 1986.

- Ders.: Die Würm zwischen Pasing und Obermenzing: Obermenzinger Krautgärten, München 1986.
- Vogelsgesang, Frieder (Hrsg.): Schloss Blutenburg – Schlossführer, 2. Aufl., München 1999.
- Vogelsgesang, Wolfgang (Hrsg.): Obermenzing, Geschichte und Geschichten, 2 Bde., München 1988.
- Ders.: Blutenburg. Das Schloß und sein Umfeld in Geschichte und Gegenwart, Wielenbach 1992.
- Ders.: Blutenburg – Die Schlosskapelle, Wielenbach 1994.
- Vorortsgeschichte Allach, Ludwigsfeld, Obermenzing, Pipping, Solln, Untermenzing, zusammengestellt anlässlich der Eingemeindung am 1. Dez. 1938, München 1938.
- Weiß, Dieter: Die Wittelsbacher und die Jagd, in: Jagd in Bayern 2/2015, S. 38–41 und 5/2015, S. 38–41.
- Wild, Joachim: Sigmund, in: Neue deutsche Biographie, Bd. 24, Berlin 2010, S. 361f.
- Wimmer, Johannes: Obermenzing, München 1991.

Abkürzungen

BayHStA = Bayerisches Hauptstaatsarchiv
BuR = Bürgermeister und Rat im Stadtarchiv München
GL = Gerichtsliteralien
GU = Gerichtsurkunden
HAB = Historischer Atlas von Bayern
HJ = Hitlerjugend
KKD = Kennkartendoppel
KL = Klosterliteralien
KU = Klosterurkunden
LBK = Lokalbaukommission
NSKOV = Nationalsozialistische Kriegsopferversorgung
OA = Oberbayerisches Archiv
StadtAM = Stadtarchiv München
StAM = Staatsarchiv München
ZBLG = Zeitschrift für Bayerische Landesgeschichte

BILDTEIL

1. Obermenzing im Überblick

Als Gruß aus Pasing: Ansichten aus dem Würmtal mit Pipping, Schloss Blutenburg und Menzing. Postkarte ca. 1905.

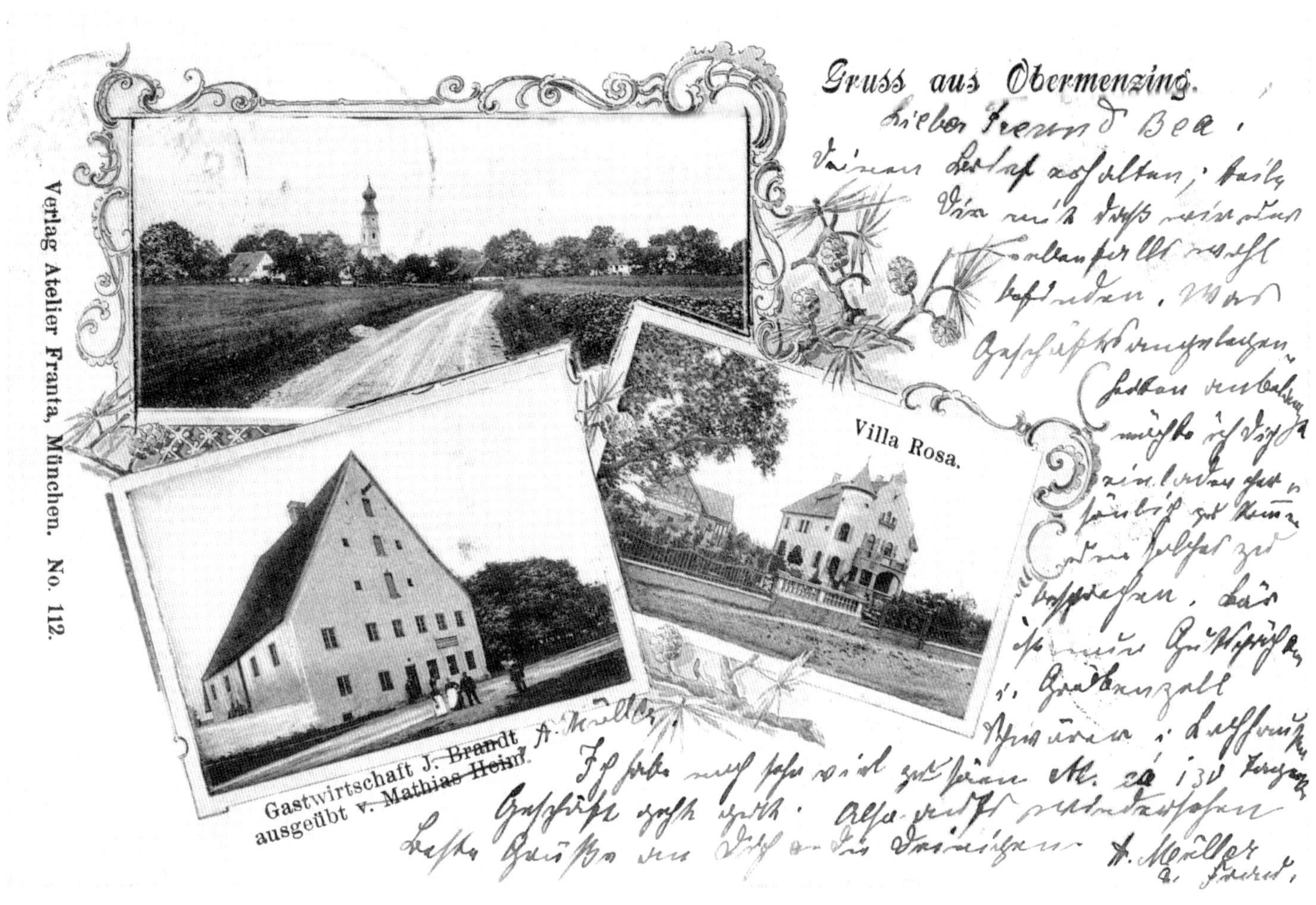

Gruß aus Obermenzing. Ortsansicht mit St. Georg, Villa Rosa an der Pippinger Straße und Gastwirtschaft Brandt. Postkarte von 1903.

Blick auf Obermenzing, Schulhaus und neue Kirche Leiden Christi. Postkarte um 1910.

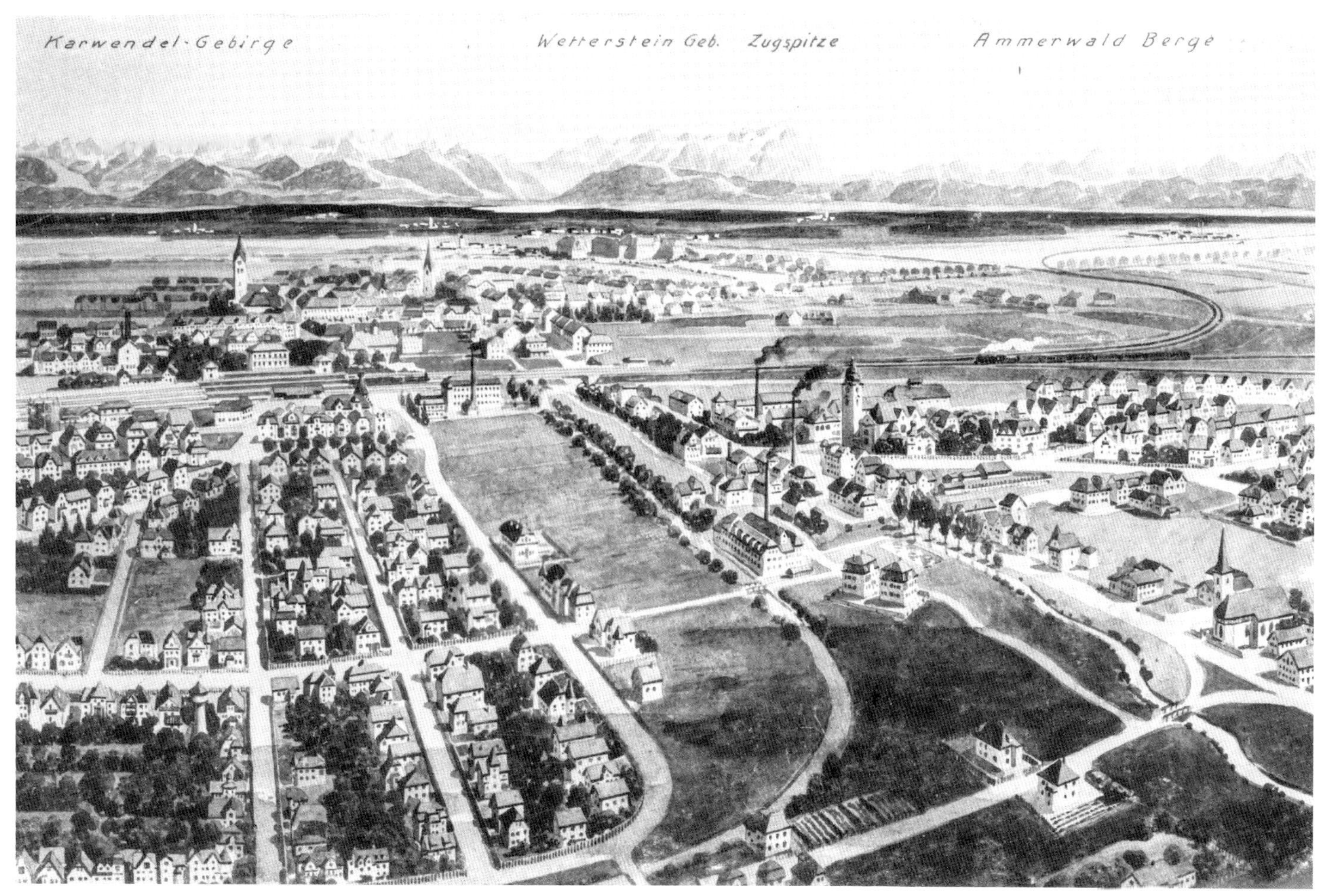

Blick von Norden über Pipping, Kolonie I und II und den Ortskern Pasing in Richtung Alpen. Postkarte von 1920.

Blick über die Würm bei Obermenzing. Aufnahme um 1930.

Blick über Rathoch-, Longinusstraße und Betzenweg zum Dorfkern St. Georg, neue Kirche Leiden Christi mit Schule und Beamtenkolonie. Postkarte ca. 1930.

Blick über St. Georg, Gaststätte Alter Wirt und Würmbrücke nach Süden, im Hintergrund die Alpen. Postkarte von 1942.

2. Obermenzing, das Dorf (mit Dorfstraße, Widweg und Betzenweg)

Ansicht von St. Georg mit Friedhof. Aufnahme von 1905.

Gebäudeansicht des bäuerlichen Anwesens „beim Taschner“ im Winter. Aufnahme um 1915.

Blick über die Würm auf St. Georg, die Gaststätte Alter Wirt und die Würmbrücke. Aufnahme von 1925.

Gruppenaufnahme bei einer Erstkommunion vor St. Georg. Aufnahme um 1930.

Blick auf den Ortskern mit St. Georg und Würm. Aufnahme um 1930.

Blick auf den Ortskern mit St. Georg und Altem Wirt. Aufnahme von 1934.

Blick über die Würm auf St. Georg. Aufnahme von 1940.

Porträt eines Schützenkönigs. Aufnahme um 1910.

Felddienstübung des Turnerlandsturm-Regiments auf einer Wiese, im Hintergrund St. Georg. Aufnahme vom 25. April 1915.

Wirtsleute auf der Terrasse des Weichand-Hofes am Betzenweg beim Reinigen der Tränke. Aufnahme vom 18. September 1935.

Der Weichand-Hof. Aufnahme von 1938.

3. Pipping und die Pippinger Straße

Blick über den Weiher auf das Dorf Pipping mit St. Wolfgang, Gasthaus von Michael Hemmer an der Pippinger Straße. Postkarte von 1905.

Innenansicht von St. Wolfgang mit Blick zum Hochaltar. Aufnahme um 1895.

Pippinger Straße mit Brennerei Riemerschmid und Kolonialgeschäft, im Hintergrund St. Wolfgang in Pipping. Postkarte von 1908.

Blick über den Weiher auf St. Wolfgang in Pipping. Aufnahme ca. 1910.

Blick über die Holzstapel des Sägewerks Stadler auf St. Wolfgang in Pipping, im Hintergrund Leiden Christi. Aufnahme von 1935.

Ansicht von St. Wolfgang. Aufnahme von 1941.

Außenansicht von St. Wolfgang mit Würm und Brücke. Aufnahme ca. 1950.

Gasthaus „Zur Linde“ (heute Reichlmair) an der Pippinger Straße mit Wirt, Gästen und Fuhrwerk. Postkarte von 1899.

Villa Rupp an der Pippinger Straße 123. Aufnahme um 1935.

4. Schloss Blutenburg

Gruppenaufnahme der Arbeiter der Würmkorrektur zwischen Pasing und Karlsfeld vor Schloss Blutenburg. Aufnahme um 1895.

Ansicht der Südostseite von Schloss Blutenburg. Postkarte ca. 1910.

Blick vom Innenhof auf die Schlosskapelle Blutenburg im Winter. Aufnahme um 1910.

Ansicht zum Chor mit Hochaltar und Seitenaltären. Postkarte ca. 1910.

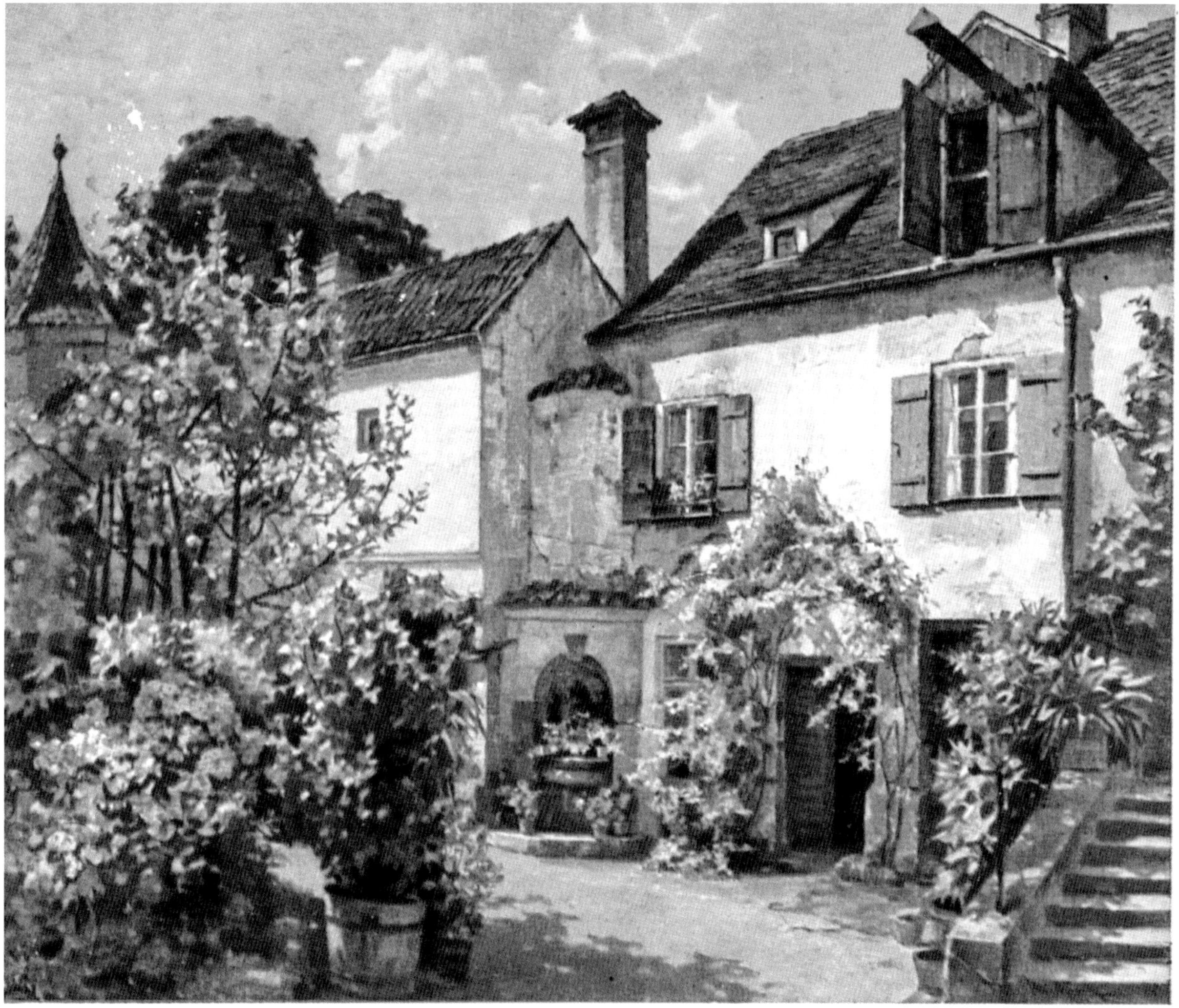

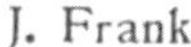

J. Frank

Hof
im Kloster
Blutenburg

Hof im Kloster Blutenburg. Gemälde von Josef Frank 1939.

Blick über die Würm auf die Blutenburg und Leiden Christi. Aufnahme ca. 1940.

Innenhof mit Schlosskapelle Blutenburg. Aufnahme ca. 1950.

5. Entlang der Grandlstraße

Obermenzinger Austrittsklasse mit ihrem Hauptlehrer Martin Ott (ganz rechts). Aufnahme von 1913.

Erweiterung des neuen Schulhauses an der Grandlstraße 5. Aufnahme von 1929.

Der Erweiterungsbau des neuen Schulhauses an der Grandlstraße kommt voran, im Hintergrund Leiden Christi. Aufnahme von 1929.

Das neue Schulhaus und die Kirche Leiden Christi. Aufnahme ca. 1935.

Angehörige der Obermenzinger Gemeindeverwaltung vor der Schule an der Grandlstraße, in der die Gemeindekanzlei untergebracht war. Aufnahme von 1938.

Außenansicht der Schule an der Grandlstraße. Aufnahme um 1940.

Schulhaus und Kirche an der Grandlstraße. Aufnahme von 1942.

Glockenweihe der geschmückten Glocken aus der Glockengießerei von Rudolph Oberascher aus Laim im Obermenzinger Schulhof. Aufnahme vom 18. August 1924.

Junge bei der Glockenweihe im Schulhof neben der Marienglocke der Kirche Leiden Christi. Aufnahme vom 18. August 1924.

Außenansicht der Kirche Leiden Christi von Süden. Aufnahme ca. 1925.

Innenansicht von Leiden Christi mit Hochaltar.
Aufnahme ca. 1925.

Blick auf Leiden Christi. Aufnahme um 1930.

6. Verdistraße (alte Hofstraße) mit Seitenstraßen

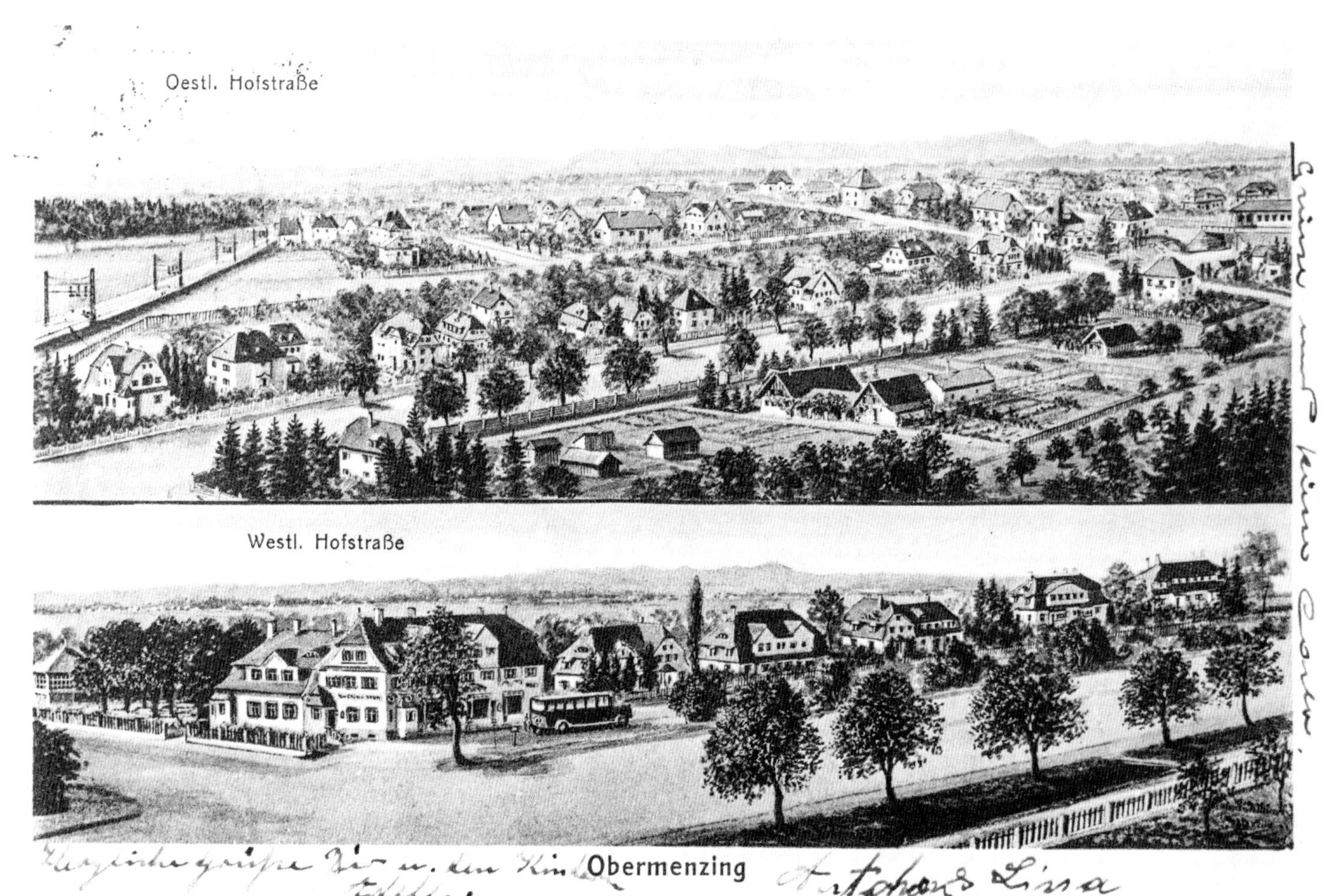

Blick über die östliche und westliche Hofstraße. Postkarte um 1900.

Gaststätte, Café und Weinstube Christoph mit Biergarten (später Café Stenger, heute Hofbräu Obermenzing). Graphik ca. 1925.

Café Stenger mit Biergarten (jetzt Hofbräu Obermenzing), im Hintergrund Leiden Christi. Graphik von 1937.

Innenansicht der Gaststube im Café Stenger. Aufnahme von 1940.

Innenansicht des Gastraumes im Café Stenger. Aufnahme ca. 1950.

Blick in die westliche Hofstraße (heute Verdistraße). Postkarte von 1935.

Baugeschäft Kärcher, Kolonialwaren Gurtner und Hüte Wagner, im Hintergrund die Bahnhofrestauration. Aufnahme ca. 1935.

Blick von der Frauendorferstraße (angeschnitten Gaststätte Grüner Baum) nach Westen in die Hofstraße (heute Verdistraße). Postkarte von 1935.

Blick auf die Villa Thaddäus-Eck-Straße 1. Aufnahme von 1914.

Ansicht der Villa Thaddäus-Eck-Straße 1 mit Kindern.
Aufnahme von 1925.

Einfamilienhaus an der Rathochstraße. Aufnahme von 1913.

Der 5-jährige Lorenz rollert in der Klarweinstraße. Aufnahme von 1940.

7. Obermenzinger Villen

Gruß aus Pasing mit Villenkolonie II, Blick von Süden in die Apfelallee. Postkarte von 1908.

Villa Apfelallee 6 und rechts davon Villa Apfelallee 4. Aufnahme um 1905.

Ansicht der Villa Apfelallee 16. Aufnahme von 1905.

Wohnhaus des Architekten August Exter in der Floßmannstraße 7. Aufnahme von 1907.

Blick in die Floßmannstraße, rechts das Wohnhaus der Familie Marc. Aufnahme von 1897.

8. Siedlung der Verkehrsbeamten an der Frauendorferstraße

Sicht vom Durchblick auf die Frauendorferstraße. Aufnahme um 1920.

Ansichten der Frauendorferstraße mit Gaststätte Grüner Baum. Postkarte von 1922

Ansicht eines Einfamilien-Doppelhauses an der Frauendorferstraße von der Südseite. Aufnahme ca. 1922.

Ansicht eines Einfamilien-Doppelhauses an der Frauendorferstraße mit zwei Mädchen vor dem Haus. Aufnahme ca. 1922.

Außenansicht eines Zweifamilien-Doppelhauses an der Frauendorferstraße. Aufnahme ca. 1922.

Westseite eines Vierfamilien-Doppelhauses an der Frauendorferstraße. Aufnahme ca. 1922.

Ansicht eines Doppelhauses an der Frauendorferstraße 16 und 18. Aufnahme von 1930.

Genossenschaft der Bahnbeamten an der Frauendorferstraße und Verdistraße. Luftbildzeichnung vom 8. Dezember 1931.

Eisenbahnerblöcke an der Frauendorferstraße. Aufnahme von 1926.

Leihbücherei an der Ecke Frauendorfer- und Verdistraße. Aufnahme von 1940.

Bahnrestauration Obermenzing mit Warteraum. Aufnahme von 1925.

9. Siedlung Neulustheim mit Siedlung Blutenburg

Waldwirtschaft „Zur Burenschänke" in der Siedlung Neulustheim. Postkarte von 1900.

Gaststätte „Zur Burenschänke“ an der Menzinger Straße. Aufnahme von 1905.

Restaurant Hofgarten
bei München
(hinter Schloss Nymphenburg)

Verlag: Joseph Bach, München, Nymphenburgerstr.

Gaststätte „Restaurant Hofgarten“. Aufnahme ca. 1905.

Gruß aus Neulustheim bei Nymphenburg mit Ansicht der Gaststätte „Restaurant Hofgarten", davor Gruppe Radfahrer. Aufnahme von 1907.

Gruß aus Neulustheim mit Ansichten der Menzinger Straße: Gaststätte Hofgarten, Versuchsanstalt der Technischen Hochschule und Waldwirtschaft „Zur Burenschänke". Postkarte von 1909.

Ansicht der Waldgaststätte „Soziales Eigenheim Neulustheim“. Graphik von 1929.

Innenansicht des Gastraumes im Hofgarten in Neulustheim. Aufnahme ca. 1930.

Sammelansicht zur Waldgaststätte mit Gebäude, Biergarten und Festsaal mit Hakenkreuzfahne. Postkarte von 1939.

Gesangsverein Blutenburg vor dem Blutenburger Bierstüberl. Aufnahme von 1930.

Gebäudeansicht des Blutenburger Bierstüberls an der Emdenstraße 25 (jetzt Rüttenauerplatz). Aufnahme von 1940.

Foto- und Postkartennachweis

Die Abbildungen sind nach Seiten (fett) sortiert. Der Seitenzahl folgt der Bestand (s. a. „Abkürzungen der Bestandsbezeichnungen" unten) sowie die fortlaufende archivische Nummerierung

Titel FS-STB-2860, **Vorsatz** OBERM-544-I-VIII-001, **11** FS-PK-STB-08948, **13** Kataster 13907, **14** HVBS-B-10-03, **16** Karte wurde entnommen: Pankraz Fried, Herrschaftsgeschichte der altbayer. Landgerichte Dachau und Kranzberg, München 1962 , **18** FS-STB-5046, **20** FS-STB-5047, **21 links** FS-PER-Montez-Lola-01, **21 rechts** FS-PER-Montez-Lola-02, **22** FS-STB-2861, **25** OBERM-052-I-04, **26** OBERM-325-001, **30** FS-PK-STB-13751, **31** BuR-0169-01, **33** Pasinger Archiv, **35** FS-STB-5057, **36** OBERM-441-001, **39** HVBS-B-07-74b, **40** FS-PK-STB-08945, **41** FS-NS-01272 (Leihgabe Thurner), **42 links** FS-NS-01279, **42 rechts** FS-NS-01273, **43** FS-NS-01278, **44** FS-NS-01144, **45** Pasinger Archiv, **47** KKD-1657, **48 links** KKD-1666, **48 rechts** KKD-1691, **49** KKD-3815, **50 oben** FS-V-001-03-56, **50 unten** FS-V-001-03-58, **60** FS-PK-STB-09249, **61** FS-PK-STB-08917, **62** FS-STB-5051, **63** FS-PK-STB-09245, **64** FS-PK-STB-08947, **65** FS-PK-STB-08922, **66** FS-PK-STB-08912, **68** FS-PK-STB-13443, **69** FS-AB-STB-0106, **70** FS-PK-STB-13632, **71** FS-STB-5045, **72** FS-STB-5055, **73** FS-PK-STB-08931, **74** FS-PK-STB-13444, **75** FS-PK-STB-08949, **76** Pk-Erg-09-0035, **77** FS-STB-5044, **78** FS-PK-STB-04494, **80** FS-PK-STB-13439, **81** FS-AB-STB-0110, **82** FS-PK-STB-09298, **83** FS-PK-STB-09456, **84** FS-PK-STB-13396, **85** FS-PK-STB-09458, **86** FS-PK-STB-06402, **87** FS-PK-STB-08929, **88** Pasinger Archiv, **90** FS-STB-5050, **91** FS-PK-STB-07173, **92** FS-AB-STB-0109, **93** FS-PK-STB-07190, **94** FS-PK-STB-12940, **95** FS-PK-STB-08937, **96** FS-PK-STB-07188, **98** Pasinger Archiv, **99** OBERM-896-II-001b, **100** OBERM-896-II-001c, **101**FS-PK-STB-07623, **102** Pasinger Archiv, **103** FS-PK-STB-08925, **104** FS-PK-STB-08926, **105** FS-AB-STB-0108, **106** FS-PK-STB-08939, **107** FS-STB-5064, **108** FS-STB-5062, **109** FS-STB-5053, **112** FS-STB-5048, **113** FS-PK-STB-02691, **114** FS-PK-STB-08928, **115** FS-PK-STB-04318, **116** FS-PK-STB-04319, **117** FS-PK-STB-13368, **118** FS-PK-STB-08934, **119** FS-PK-STR-03495, **120** FS-PK-STR-03485, **121** FS-PK-STR-03486, **122** FS-PK-STB-08933, **123** Dr. Brigitte Huber, **126** FS-PK-STB-09121, **127** FS-STB-Pasing-0045, **128** FS-STB-Pasing-0047, **129** Pasinger Archiv, **130** Pasinger Archiv, **132** Pasinger Archiv, **133** FS-PK-STB-08921, **134** FS-STB-5058, **135** FS-STB-5060, **136** FS-STB-5059, **137** FS-STB-5061, **138** FS-PK-STR-03408, **139** Pasinger Archiv, **140** Pasinger Archiv, **141** FS-PK-STB-08923, **142** FS-PK-STB-13633, **144** FS-PK-STB-02657, **145** FS-PK-STB-14002, **146** FS-PK-STB-08951, **147** FS-PK-STB-08952, **148** FS-PK-STB-08953, **149** FS-PK-STB-11172, **150** FS-PK-STB-03342, **151** FS-PK-STB-03782, **152** Pasinger Archiv, **153** FS-PK-STB-02591, **Nachsatz** PS-A-348-1

Abkürzungen der Bestandsbezeichnungen:

BuR Bürgermeister und Rat
FS-AB-STB Fotosammlung Altbestand Stadtbild
FS-NS Fotosammlung Nationalsozialismus
FS-STB Fotobestand Stadtbild
FS-PER Fotosammlung Personen
FS-PK-STB Postkartensammlung, Stadtbild
FS-PK-STR Postkartensammlung Straßen und Plätze
FS-V Fotosammlung Varia
HVBS Historischer Verein Bildersammlung
KKD Kennkarten-Doppel
PkErg Postkartensammlung Ereignisse
PS-A Plansammlung Akten
OBERM Obermenzing

Die Autorin

Susanne Herleth-Krentz
Dr. Susanne Herleth-Krentz, geboren und aufgewachsen in München, studierte an der LMU München Bayerische Geschichte. Sie war bis 1993 wissenschaftliche Angestellte der Bayerischen Staatsbibliothek München. Seitdem ist sie freiberufliche Historikerin mit Veröffentlichungen zur Geschichte Erdings und Haderns. Aus Liebe zu ihrer Heimatstadt ist sie als Stadtführerin unterwegs.

Mit dem Volk Verlag auf Zeitreise in Münchens Vergangenheit …

WILLIBALD KARL / KARIN POHL
Bogenhausen
Zeitreise ins alte München
24,90 Euro
ISBN 978-3-86222-113-4

HELMUTH STAHLEDER
Gern
Zeitreise ins alte München
19,90 Euro
ISBN 978-3-937200-76-7

SUSANNE HERLETH-KRENTZ
Hadern
Zeitreise ins alte München
24,90 Euro
ISBN 978-3-86222-155-4

RICHARD BAUER
Ludwigsvorstadt
Zeitreise ins alte München
24,90 Euro
ISBN 978-3-86222-058-8

RICHARD BAUER
Maxvorstadt
Zeitreise ins alte München
24,90 Euro
ISBN 978-3-86222-089-2

RICHARD BAUER
Pasing
Zeitreise ins alte München
24,90 Euro
ISBN 978-3-86222-045-8

MICHAEL STEPHAN
Schwabing
Zeitreise ins alte München
24,90 Euro
ISBN 978-3-937200-77-4

CHRISTINE RÄDLINGER / EVA GRAF
Sendling
Zeitreise ins alte München
19,90 Euro
ISBN 978-3-937200-75-0

Obermenzing

Karte aus dem Jahr 1931.